# सोशल एण्ड पर्सनल बिहेवियर इन लाइफ

लोकप्रियता एवं सफलता प्राप्त
करने हेतु एक उपयोगी पुस्तक

लेखक

## पी.के. आर्य

वी एण्ड एस पब्लिशर्स

**प्रकाशक**

वी एण्ड एस पब्लिशर्स

F-2/16, अंसारी रोड, दरियागंज, नई दिल्ली-110002
☎ 23240026, 23240027 • *फैक्स:* 011-23240028
*E-mail:* info@vspublishers.com • *Website:* www.vspublishers.com

**क्षेत्रीय कार्यालय : हैदराबाद**
5-1-707/1, ब्रिज भवन (सेन्ट्रल बैंक ऑफ इण्डिया लेन के पास)
बैंक स्ट्रीट, कोटी, हैदराबाद-500 095
☎ 040-24737290
*E-mail:* vspublishershyd@gmail.com

**शाखा : मुम्बई**
जयवंत इंडस्ट्रिअल इस्टेट, 2nd फ्लोर - 222,
तारदेव रोड अपोजिट सोबो सेन्ट्रल मॉल, मुम्बई - 400 034
☎ 022-23510736
*E-mail:* vspublishersmum@gmail.com

**फ़ॉलो करें:**

हमारी सभी पुस्तकें **www.vspublishers.com** पर उपलब्ध हैं

*मुद्रक:* रेप्रो नॉलेजकास्ट लिमीटेड, ठाणे

# व्यवहार कुशलता...!

- कुशल व्यवहार ही तो हमारे व्यक्तित्व को खूबी के साथ प्रकट करता है। **-यशपाल**
- ऐसा व्यवहार दूसरे के साथ न करें, जो स्वयं के लिए प्रतिकूल है। **-महाभारत**
- अपने बांधवों से जो आत्मीयता का व्यवहार करता है, वह तुम लोगों में श्रेष्ठ होता है। **-हज़रत मोहम्मद**
- कुशल व्यवहार वह दर्पण है, जिसमें प्रत्येक का प्रतिबिंब देखा जा सकता है। **-गेटे**
- कार्य कुशल व्यक्ति के लिए यश और धन की कमी नहीं है। **-अज्ञात**
- खट्टी–मीठी सबकी सुन लेना, सबके साथ मीठा व्यवहार करना। **-ॐ श्री सांईं**
- Behaviour is a Mirror in Which Everyone Displays His Own Image **–Goetne**
- जैसा तुम अपने साथ व्यवहार कराना चाहते हो, उसी तरह का व्यवहार औरों के साथ करो। **-ईसा मसीह**

## ❈ समर्पण ❈

अपने परमपूज्य पिता श्री शंकर दत्त आर्य के प्रति,
जिन्होंने छोड़ दिया, मुझे अपनी नाव खुद खेने के लिए
चरितार्थ करने के लिए अपनी प्रतिभाएं।
जिन्होंने मुझे सिखाया—
सर्वाधिक सशक्त आधार है केवल अपनी ही टांगों का।
दुनिया बदल देने की तदबीर अपनी हथेलियों में
मुंह ढांपे सो रही है। ज़रूरत है—
उसे कर्म और श्रम से उजागर करने की।
सम्मानपूर्वक समर्पित यह छोटा सा प्रयास....

# विषय-सूची

## व्यक्तिगत व्यवहार कुशलता (Individualistic Good Behaviour)

# सरोकार

एक बहुत सम द्ध महिला अपने चिकित्सक के पास गई। बीमारी उसकी ठीक हो गई थी, लेकिन चिकित्सक को उसकी फीस चुकानी बाकी थी। लंबी और घातक बीमारी के दौरान चिकित्सक की योग्यता और व्यवहार से महिला बहुत प्रभावित थी। चिकित्सक की फीस के बारे में काफी सोच समझकर उसने निर्णय लिया और एक रत्नजटित बहुमूल्य झोले में 'कुछ' रखकर चिकित्सक को भेंट किया।

चिकित्सक ने खूबसूरत थैले को एक बार देखा और नजर फेर ली। यह सोचना उसकी कल्पना से बाहर था कि थैले में रत्न भी चिपके हो सकते हैं और उसके भीतर भी कुछ हो सकता है। उसने समझा कि थैले पर रंग-बिरंगे कांच के टुकड़े चिपके होंगे। भला रत्नजटित झोले भी कहीं कोई भेंट देता है? यह महिला सस्ते में निकली जा रही है। उसने हिसाब लगा रखा था कि कम-से-कम तीन सौ रुपए उसकी फीस थी और यह महिला झोला देकर ही बची जा रही है। उसने कहा, ''झोला तो ठीक है, तुम्हारे स्नेह का उपहार स्वीकार करता हूं, लेकिन मेरी फीस का क्या...?'' महिला बहुत अनुभवी थी। चिकित्सक के मन में छिपे लोभ और उसके झूठे प्रेम को उसने जान लिया और पूछा, ''तुम्हारी फीस कितनी है?'' चिकित्सक ने हिसाब लगाया और जितना ज्यादा-से-ज्यादा वह बता सकता था, उसने बताया, ''तीन सौ रुपए।''

महिला ने तुरंत झोला खोला। उसमें रखे दस हजार रुपयों में से तीन सौ रुपए निकालकर चिकित्सक को दे दिए। बाकी रुपए और झोला लेकर वह वापस चली गई।

चिकित्सक आश्चर्य से देखता रह गया। उसे पता चल चुका था कि उसे दी गई भेंट 10,000 रुपए थी और वह थैला भी बहुमूल्य था। मगर अब क्या

हो सकता था? उस चिकित्सक पर क्या गुजरी होगी? यह आसानी से सोचा जा सकता है। उस दिन के बाद वह बीमार हो गया, फिर उसकी चिकित्सा मुश्किल हो गई। वह बार-बार पछताया कि व्यवहार कुशलता की कमी के कारण उसने न केवल धन खोया, बल्कि एक स्नेहपूर्ण संबंध भी खो दिया।

हमारी जिंदगी की शक्ल इस द ष्टांत से बहुत ज्यादा जुदा नहीं है। हम अपनी भूलवश लोगों को समझ नहीं पाते। हम उनके सत्कार का, प्रेम का, सौहार्द का, अपनत्व और आदर का कुछ और ही अर्थ लगा लेते हैं और अपने क्षुद्र स्वार्थों से ऊपर उठकर सोच ही नहीं पाते। हमें जीवन की व्यावहारिकता का कोई पता ही नहीं। परस्पर सौहार्द व व्यवहार और दूरगामी सोच के चमत्कारों से हम अछूते हैं। चूंकि हमें व्यवहार कुशलता के रहस्यों की जानकारी नहीं है। अतः हम दुखी हैं.... असफल हैं।

क्या व्यवहार कुशलता इतनी चमत्कारिक है कि उसके बलबूते दुर्गम और कंटकाकीर्ण मार्ग पर चलकर सफलता के दुर्ग पर विजय पताका फहराई जा सकती है? क्या उसके माध्यम से जीवन रूपी समुद्र की गहराई से हम उपलब्धियों के हीरे-मोती बटोर कर ला सकते हैं? यही विचार इस पुस्तक के लेखन की प्रेरणा बना।

पुस्तक को तैयार करने में विभिन्न लोगों ने अपने अमूल्य सहयोग से मुझे नवाजा, उसके लिए मैं उनका शुक्रगुजार हूं। अनन्य सहयोग हेतु अपनी पत्नी डॉ. मोनिका 'पुष्पेंद्र' तथा मित्र डॉ. रेखा अरोड़ा के प्रति मेरा साधुवाद संप्रेषित है।

पुस्तक की खूबियों, खामियों की बाबत आपकी बेबाक राय की मुझे प्रतीक्षा रहेगी।

**—पी.के. आर्य**

संप्रति—प्रबंध संपादक
**मीडियाफीचर्स ऑफ इण्डिया**
ए—**31**, मुस्कान काम्पलेक्स
बुढ़ानागेट, मेरठ—**250002** (उ.प्र.)
फोन—**0121-531788**
ई—मेल—**pkarya@indiatimes.com**

अध्याय 1

# सकारात्मक द ष्टिकोण

## (POSITIVE ATTITUDE)

*जीवन को सुखी और प्रसन्न बनाने के लिए आवश्यक है कि हम समस्याओं पर अपने ही द ष्टिकोण से नहीं, बल्कि दूसरों के द ष्टिकोण से भी विचार करें। जो व्यक्ति हमसे सहमत नहीं हो पा रहा है, उसके स्थान पर हम अपने को रखें और देखें कि वह क्यों हमारी बात काट रहा है। हम उस समस्या को, उसके द ष्टिकोण से देखने का प्रयत्न करेंगे, तो उसका उत्तर पाने और उसे हल करने में देर न लगेगी और वह हल किसी के ऊपर थोपने जैसा नहीं लगेगा।*

**—समर बहादुर सिंह**

सकारात्मक द ष्टिकोण का जीवन में बहुत बड़ा महत्व है। अनेक लोग समुचित प्रतिभा व योग्यता होने के बावजूद मात्र अपने संकुचित नजरिए के कारण उन्नति व सफलता प्राप्त नहीं करते। नकारात्मक द ष्टिकोण वाले लोगों को तो कोई पसंद ही नहीं करता। जीवन में व्यवहारकुशल व्यक्ति वही कहलाता है, जिसका द ष्टिकोण सकारात्मक व सोच स्वस्थ होती है।

## मानसिक विकारों से बचें (Keep Off Mental Sickness)

मनुष्य का प्रत्येक कार्य, उसकी नैसर्गिक व त्तियों की प्रेरणा से होता है। यही व त्तियां उसकी भावनात्मक शक्तियों का भी कार्य करती हैं तथा मनुष्य के अचेतन मन में किसी भी बात के लिए ऐसी धारा विकसित कर देती हैं,

जिन्हें मनोविज्ञान की भाषा में मनोग्रंथि कहा जाता है। प्रायः सभी व्यक्तियों में सभी प्रकार की मनोग्रंथियां पाई जाती हैं। ये ग्रंथियां परस्पर प्रभावित करती हैं। उनकी यही प्रक्रिया बाद में हमारे व्यक्तित्व का एक अंग बन जाती है।

मनोविज्ञान के विशेषज्ञों ने समस्त प्रतिभाशाली व महान् व्यक्तियों में कुछ विशेष ग्रंथियों की बात स्वीकारी है। उनका मानना है कि इन्हीं मनोग्रंथियों के कारण ही वे अपने जीवन में अधिक सक्रिय तथा मौलिक बने। मनुष्य की मनोग्रंथियों पर उसके स्वभाव, शिक्षा-दीक्षा, परिवेश तथा पारिवारिक प ष्ठभूमि का गहरा असर होता है।

## गुणों में छिपा है वास्तविक सौंदर्य
### (Real Beauty Lies in Virtues)

व्यक्ति की वास्तविक सुंदरता उसके शरीर में नहीं, अपितु उसके गुणों व कार्यों में निहित होती है। व्यक्ति की योग्यता व उपलब्धियों का आकलन उसकी मानसिकता को ध्यान में रखकर किया जाता है। इस कारण हमें मानसिक सोच में अभिव द्धि की आवश्यकता है। सकारात्मक सोच को अपनाकर आप मानसिक असंतोष से छुटकारा पा सकते हैं। यह बदलाव आपको लोगों के साथ मधुर व बेहतर संबंध स्थापित करने की दिशा में महत्वपूर्ण योगदान देगा।

हंसमुख व जिंदा दिल लोग सभी के बीच लोकप्रिय होते हैं। अपने परिचितों, रिश्तेदारों तथा पड़ोसियों आदि के वस्त्र, सामान, उपहार व सम द्धि देखकर उनसे ईर्ष्या करने के बजाय अपने साधनों में संतोष करके आप एक ओर जहां अपार संतुष्टि का अनुभव करेंगे, वहीं दूसरी ओर अनावश्यक मानसिक तनाव से भी बचे रहेंगे। स्वयं को संकीर्णता के दायरे में रखना आपकी सोच को कुंठित कर देगा।

बहिर्मुखी और मिलनसार बनकर लोगों के बीच आप अपनी नई पहचान निर्मित कर सकते हैं। अपने व्यवहार में विनम्रता और सौजन्य को अंगीकार करके आप दूसरों के दिलों पर राज कर सकते हैं।

अपनी कमजोरियों एवं गुणों को पहचानिए। अपने व्यक्तित्व के सकारात्मक पहलुओं को और मजबूत करने की कोशिश कीजिए।

आपका बाहरी आकर्षण लोगों को क्षण भर के लिए सम्मोहित कर सकता है। परंतु जब आप स्वयं को योग्य एवं गुणवान बना लेंगे, तो आपके असुंदर

या कम सुंदरता की ओर किसी का भी ध्यान नहीं जाएगा। अपने मन में इस बात को बैठा लें कि जीवन में शारीरिक सौंदर्य ही सब कुछ नहीं। स्वस्थ व सकारात्मक द ष्टिकोण अपनाकर आप सफलता व लोकप्रियता, दोनों को अर्जित कर सकते हैं।

## अहंकार से बचिए (Never be Arrogant)

अहंकारी अथवा घमंडी व्यक्ति को न केवल समाज वरन् उसका अपना परिवार तथा यार-दोस्त तक पसंद नहीं करते। आप कितने भी प्रतिभाशाली और योग्य क्यों न हों, यदि आप घमंडी हैं, तो लोग आपको पसंद नहीं करेंगे। घमंडी व्यक्ति से व्यवहार कुशलता की उम्मीद करना बेमायने हैं।

अपने समस्त मनोभावों व विचारों पर नियंत्रण की क्षमता का विकास कीजिए। आपका जीवन सचमुच आपका अपना जीवन होना चाहिए, जिसे आपने पसंद किया है। *मार्शल फील्ड* ने आनंद व सफलतापूर्वक जीवन के बारह सूत्र बताए हैं, उन्हें सदैव स्मरण रखिए। ये सूत्र निम्न हैं :

**1**. समय का मूल्य, **2**. निरंतरता की सफलता, **3**. परिश्रम का सुख, **4**. सरलता का वैभव, **5**. चरित्र की गरिमा, **6**. उदारता का बल, **7**. उदाहरण का प्रभाव, **8**. कर्तव्य परायणता का दायित्व, **9**. मितव्ययिता की बुद्धिमानी, **10**. धैर्य का गौरव, **11**. प्रतिभा का विकास तथा, **12**. मौलिकता का आनंद।

अहंकार के दोषों को निरूपित करते हुए समर्थ गुरु रामदास ने क्या खूब कहा है, "जिसने अहंभाव की मक्खी खा ली, उसको ज्ञानरूपी भोजन में रुचि कैसे होगी? जिसके मन में अहंभाव नष्ट नहीं होगा, उसको ज्ञानरूपी अन्न नहीं पचेगा।"

हमें चाहिए कि हम अपने स्वभाव, परिवेश, साधनों आदि को वास्तविक रूप में मालूम करने व स्वीकारने का प्रयत्न करें। उसके बाद हम यह विचार करें कि इन परिस्थितियों में रहते हुए हम किस प्रकार से अपनी प्रगति एवं विकास कर सकते हैं।

हम अपने थोथे व मिथ्या अहंकार का उन्मूलन करके देखें, हमारा अंतःकरण समाज के अंतःकरण का पूरक बन जाएगा। सबके साथ एकता का अनुभव करके देखें, हमारा अकेलापन समाप्त हो जाएगा।

यूनान देश के आटिका ग्राम में आत्विक विपयादिस नाम का एक व्यक्ति रहता था। वह कई कारखानों, बंगलों और अकूत धन-संपत्ति का स्वामी था। वह जहां कहीं भी अवसर पाता, अपने वैभव का बखान करने से नहीं चूकता। एक दिन इसी प्रकार वह प्रसिद्ध दार्शनिक सुकरात के समक्ष अपने वैभव का वर्णन करने लगा। सुकरात काफी देर तक उसकी बातें सुनने के बाद बोले, ''सेठ जी, मुझे यूनान देश के नक्शे की बाबत आपसे कुछ जानकारी लेनी है।''

यह कहते हुए सुकरात ने देश का नक्शा उस धनपति के सामने रख दिया तथा पूछा, ''कृपया मुझे बताइए कि इस नक्शे में आपकी जायदाद कहां है?'' नक्शे में आटिका ग्राम ढूंढ़ा गया। गांव छोटा होने के कारण वह नक्शे में सुई की नोंक के बराबर अंकित था। धनपति ने गांव तो बता दिया, किंतु अपनी जायदाद को उसमें न दिखा सका। सुकरात ने चिंतनपूर्ण मुद्रा में कहा, ''महोदय ! संपूर्ण भूमंडल पर यूनान एक छोटा-सा देश है। उसमें आपका छोटा-सा ग्राम ही बड़ी कठिनाई से दिखाई दे रहा है, पर जमीन जायदाद और कारखाने तो कहीं नजर ही नहीं आ रहे हैं... अब आप ही बताएं कि जिस जमीन-जायदाद और वैभव का बखान कर आप अभिमान से फूले नहीं समा रहे हैं, उसका क्या महत्व है?'' यह सुनते ही उस धनपति का गर्व काफूर हो गया।

## यह भी ध्यान रखें
**(Keep this in Mind)**

- इस संसार में सबसे बड़ा जादूगर स्नेह है। व्याधि के प्रतिकार की प्रधान औषधि प्रणय है। नहीं तो हृदय की व्याधि को कौन शांत कर सकता है।
- सकारात्मक नजरिए वाले लोग ही जिंदगी की जंग जीतते हैं।
- नकारात्मक द ष्टिकोण वाले व्यक्ति की आंखें भी सकारात्मक व्यक्ति को खोजती हैं।
- सकारात्मकता हमारे जीवन का सर्वोच्च उज्ज्वल पक्ष है।

अध्याय 2

# सहयोग की भावना
## (FEELING OF COOPERATION)

> *विश्व एक गुंबद के समान है, जहां से अपनी ही आवाज गूंज कर लौट आती है। यह वह शीशा है, जिसमें हमें अपनी ही छाया दिखाई देती है। यदि हम हंसते हैं, तो वह भी हंसता है। यदि हम रोते हैं, तो वह भी रोता है। एक बार इस स ष्टि के सौंदर्य को अपने ह्रदय में भरकर देखो, आपकी आत्मा उस सौंदर्य के उल्लास से भर जाएगी।*
>
> —स्वेट मार्डेन

जिंदगी का अर्थ दूसरों के लिए जीना तथा उन पर कुछ हद तक निर्भर रहना है। सहयोग की भावना को विकसित करके ही हम व्यवहार कुशल इनसान कहला सकते हैं। किसी की परेशानी के मौके पर जब आप उसकी मदद करने को तैयार रहते हैं, तभी जरूरत पड़ने पर वह भी आपके सहयोग के लिए आगे आ सकता है। यही प्रकृति का नियम है, यही सफलतम जीवन का सूत्र है।

## किसी के हो जाइए (Love and Be Loved)

सिर्फ मैं और मेरे की तुच्छ भावना के साथ जीवन का संपूर्ण आनंद अनुभव नहीं किया जा सकता। अपने लिए समस्त कार्य तो पशु-पक्षी भी करते हैं, फिर उनमें और मनुष्य में क्या अंतर है? यदि हमारे मन में दूसरे लोगों के लिए सहयोग, स्नेह व प्रेम का जज्बा होगा, तभी एक सुंदर, संतुलित व

सभ्य समाज की संरचना करना संभव है, अन्यथा एक दूसरे से संघर्ष व अन्य दुष्कृत्यों में संलिप्त रहकर ही मानव अपना स्वर्णिम जीवन व्यर्थ गंवा देता है। जन सामान्य में एक सूक्ति बेहद लोकप्रिय है— ''या तो किसी के हो जाइए, अथवा किसी को अपना बना लीजिए।'' इस वाक्य के मूल में परस्पर सम्मान, प्यार व सहयोग की भावना ही निहित है।

मनोवैज्ञानिकों ने गहरे शोधों के बाद यह निष्कर्ष दिया है कि मनुष्य में एक मनोग्रंथि 'अहंमन्यता' की होती है। इस मनोग्रंथि के कारण मनुष्य अपने बारे में बहुत बढ़ा–चढ़ाकर सोचता है। वह प्रतिष्ठा के लिए काम करता है और जीता है तथा दूसरों पर अपना प्रभुत्व जमाने के लिए कुछ भी करने से नहीं हिचकता।

वैसा व्यक्ति बहुधा दूसरों को अपमानित करता है तथा अकारण ही और लोगों को तंग करने या सताने के उपाय खोजता रहता है। विशेषकर उन लोगों को, जिनसे उसका निकट का संबंध है। मनुष्य इस अवस्था में अपने सहयोगियों एवं साथियों के साथ भाईचारे का संबंध नहीं रख पाता। अपने परिवार तथा कार्यक्षेत्र, दोनों ही स्थानों पर वह सत्ता जमाने का यत्न करता है, फलस्वरूप वह शीघ्र ही अपने आस-पास के लोगों का प्रेम तथा सहयोग गवां बैठता है। वह व्यक्ति दूसरों से आज्ञाकारिता और आदर की अपेक्षा करता है, जबकि वह स्वयं दूसरों के प्रति ऐसा नहीं करता।

सहयोग की भावना का विस्तार आपको आर्थिक रूप से सफल और अधिक कार्यकुशल बनाता है।

# अहंमन्यता की मनोग्रंथि (Egotism as Complex)

जो व्यक्ति डांटता-फटकारता है, आंखें लाल-पीली करता है और क्रोध की अधिकता में स्वयं को भूल जाता है, वह इस बात से अनभिज्ञ होता है कि वह अहंमन्यता की मनोग्रंथि का शिकार है। इस मनोग्रंथि से ग्रस्त व्यक्ति के स्वास्थ्य पर प्रतिकूल प्रभाव पड़ता है।

जो लोग इस मनोग्रंथि की चपेट में हैं, उन्हें चाहिए कि वे अपने जीवन में कुछ बदलाव लाएं। परिवर्तन का पक्ष ऐसा होना चाहिए कि व्यक्ति स्वकेंद्रित न रहकर दूसरों के बारे में सोचे। वह अपनी मानसिकता में इन विचारों को प्राथमिकता दे कि वह किसी परिवार अथवा जाति का एक सदस्य है।

यह ठीक बात है कि सयाने आदमी के होश सदा सलामत रहते हैं और वह यह गुंजाइश भी नहीं छोड़ता कि उसके तर्जेअमल पर किसी और की हुकूमत चले।

## अच्छी तरह व्यवहार निभाइए
### (Always Behave Yourself)

प्रत्येक मनुष्य को चाहिए कि वह दूसरों के साथ अच्छी तरह व्यवहार निभाने की अपनी क्षमता का विकास करे। चूंकि मनुष्य स्वभावतः एक सामाजिक प्राणी है, अतएव एकदम से अकेले रहकर तो किसी की भी गुजर नहीं हो सकती। हमें यथासंभव दूसरों की मदद के लिए आगे आना चाहिए। यानी कि सारी कामयाबियों का एक ही रहस्य है कि हमें अपने चारों तरफ होने वाली घटनाओं के प्रति चौकस रहना चाहिए। आदमी को चाहिए कि अपने पास-पड़ोस में खुद अच्छे ढंग से ताल-मेल बिठाकर रहे। वक्त की नजाकत को समझकर अपने दोस्तों, परिचितों से वही बात कहिए, जो वह सुनना चाहते हैं।

### यह भी ध्यान रखें
### (Keep this in Mind)

- स्वभाव से ही सबकी उत्पत्ति होती है, स्वभाव से ही अहंकार तथा यह सारा जगत प्रकट हुआ है।
- प थ्वी पर तीन ही रत्न हैं—ॅ जल, अन्न और सुभाषिता। मूर्ख लोग ही पाषाण खंडों को रत्न का नाम देते हैं।
- अधिक धन संपन्न होने पर भी जो असंतुष्ट रहता है, वह सदा निर्धन है। धन से रहित होने पर भी जो संतुष्ट है, वही धनी है।
- इस तथ्य से सभी परिचित हैं कि एक और एक ग्यारह होते हैं।
- जो सबकी मदद करता है, उसकी मदद खुदा करता है।

अध्याय 3

# क्रोध व झल्लाहट आपके शत्रु

## (ANGER AND IRRITATION ARE YOUR ENEMIES)

*क्रोध एक चारित्रिक दोष है। जितनी देर तक हम पर क्रोध रहता है, उतनी देर तक हम वह व्यक्ति नहीं होते, जो हम हैं। बल्कि हम उस समय ऐसे-ऐसे काम कर डालते हैं, जिन्हें सामान्य हालत में हम बुरा समझते हैं। क्रोध में लिए गए निर्णय हमारे तथा दूसरों के लिए हानिकारक होते हैं। क्रोध में हम बेरहम हो जाते हैं तथा अकसर अपनी या दूसरों की हानि कर डालते हैं। जितनी देर तक हम क्रोध में होते हैं, उतनी देर तक हम सामाजिक लाभों से भी वंचित रहते हैं।*

**—एम.आर. बाथम**

क्रोधित होना मानवीय स्वभाव का एक अंग है। इस दुनिया में संभवतः ही कोई ऐसा आदमी हो, जो कभी न कभी व किसी न किसी कारण को लेकर क्रोधित नहीं हुआ हो। लेकिन कुछ लोग ऐसे होते हैं, क्रोध जिनका स्वभाव बन जाता है। बात-बात में सर्प की भांति फुफकार उठने तथा झल्लाहट को अपनी आदत बना लेने वाले लोग नहीं जानते कि उन्होंने अपने व्यक्तित्व में एक ऐसा शत्रु पैदा कर लिया है, जो सफलता के मार्ग में उनकी राह का रोड़ा साबित होगा। क्रोध की बाबत भगवान क ष्ण 'गीता' में कहते हैं—आत्मा को पतनोन्मुख बनाने वाले तीन ही मार्ग हैं—कामातुरता, क्रोध तथा मोह। अतः ये तीनों ही त्याज्य हैं।

## क्रोध व्यक्तित्व का दुर्बल पक्ष
### (Anger is the Weak Link in Personality)

धर्म के दस लक्षणों में क्रोध को सर्वत्र त्यागने की चीज माना गया है। क्रोध मनुष्य के व्यक्तित्व का सर्वाधिक दुर्बल पक्ष है। क्रोधी व्यक्ति को घर–परिवार, कार्यस्थल अथवा समाज, कोई भी और कहीं भी पसंद नहीं करता। अपने तमाम गुणों के बावजूद बात-बात पर क्रोध से फुफकार उठने वाले व्यक्ति लोगों की नापसंदगी का कारण बनते हैं।

सामान्यतः देखने में यह आता है कि जब हम झुकने को तैयार नहीं होते, तो क्रोधित हो जाते हैं। हम अन्य लोगों पर क्रोध इसलिए करते हैं, क्योंकि हमें उनसे डर लगता है अथवा हम सोचते हैं कि उन्होंने हमारा तिरस्कार किया है। हमारे क्रोधित होने की वजहें, असंगत बातें, गलत व्यक्ति या गलत कारण हैं।

यहां यह समझ लेना जरूरी है कि क्रोध में सदैव गड़बड़ी होती है और वास्तविक कारण लुप्त हो जाता है। क्रोधी स्वभाव, किसी कार्य में विघ्न का कारण बनता है। यह हमें कार्यकुशलता से दूर ले जाता है तथा जो चीजें हमारी सहायक हो सकती थीं, वही हमारी विरोधी बन जाती हैं।

समुद्र की प्रकृति शांत व गंभीर है। परंतु उसमें भी लहरें उठती हैं, ज्वार-भाटा भी आता है। शांतिप्रियता मानव का नैसर्गिक गुण है, परंतु कभी-कभी वह विभावों में भी गमन करता है। उसके मनमंथन में उत्तेजना की लहरें भी उठती हैं। संस्कारों व प्रव त्तियों का गहन सागर जब बाह्य विचार रूपी ढेलों के प्रहार से उत्प्रेरित होता है, तब क्रोधादि व त्तियों का जन्म होता है।

मनोवैज्ञानिकों ने मानवीय व्यवहार का गहन अध्ययन करके उसकी दस व त्तियों को सूचीबद्ध किया है। उन्हीं दस व त्तियों में क्रोध भी एक है। समस्त मनुष्यों में क्रोध का थोड़ा अथवा ज्यादा पुट होता है। किसी मनुष्य में क्रोध पत्थर पर खिंची लकीर सरीखा होता है, तो कुछ में जल पर अंकित रेखा के समान।

## क्रोध के प्रकार (Kinds of Anger)

ऐसा नहीं है कि क्रोध केवल मनुष्य ही करता है। पशु-पक्षियों व प्रकृति में भी क्रोध स्पष्ट रूप से द ष्टिगोचर होता है। अतिव ष्टि, ओलाव ष्टि, भू-स्खलन,

भूकंप, ज्वालामुखी आदि प्राकृतिक क्रोध की अभिव्यक्तियां हैं। मनुष्य जब क्रोधित होता है, तो न सिर्फ स्वयं अपितु अपने समूचे परिवेश को प्रभावित करता है।

प्रीति, विनय और विवेक के अभाव में व्यक्ति के सद्‌गुण भी विसर्जित हो जाते हैं। भटकाव की यही मनःस्थिति क्रोध को आमंत्रित करती है। स्थानांग सूत्र में दो प्रकार के क्रोध की व्याख्या की गई है : **1**. आत्मप्रतिष्ठित, **2**. परप्रतिष्ठित।

आत्मप्रतिष्ठित क्रोध वह है, जो बहुधा अपनी ही भूलों अथवा त्रुटियों से पैदा होता है, जबकि परप्रतिष्ठित क्रोध से अभिप्राय किसी दूसरे व्यक्ति द्वारा प्रदत्त क्रोध से है। सरसरी नज़र से देखें, तो क्रोध एक ही है, परंतु उत्पत्ति के द ष्टिकोण से इसे दो धाराओं में विभाजित किया गया है। आध्यात्म की अवधारणा है कि क्रोध मोहनीय कर्म का उदय भाव है। ज्यों-ज्यों मोहनीय कर्म का क्षय होता जाएगा, त्यों-त्यों क्रोध के आवेग का क्षरण होगा।

## क्रोध की उत्पत्ति (Origin of Anger)

क्रोध की उत्पत्ति के विषय में आयुर्वेद का मंतव्य है कि शरीर में जब पित्त की अधिकता हो जाती है, तो उससे उत्पन्न गर्मी क्रोध का कारण बनती है। चिकित्सकों का मानना है कि व्यक्ति में किसी न किसी हारमोंस की कमी के कारण 'एड्रीनल ग्लैंड' का अधिक स्राव होने से क्रोध उत्पन्न होता है। विटामिन 'सी' की कमी से भी झल्लाहट व चिड़चिड़ापन पैदा होता है। कई लोग अस्वस्थ होने या लंबे समय तक बीमार रहने के कारण भी क्रोधित व चिड़चिड़े स्वभाव के हो जाते हैं।

मनोवैज्ञानिकों की राय है कि अपशब्द या अनर्गल वार्त्तालाप भी कई बार क्रोध को जन्म देते हैं। जो हम सुनना चाहते हैं, उसके विपरीत तीखी भाषा में कही गई बात भी क्रोध व द्वेष को बढ़ाती है। वर्तमान दौर में मानवीय मूल्यों का तेजी से क्षरण होता जा रहा है। व्यक्ति में स्वार्थ की भावना बढ़ती जा रही है। अनेक मर्तबा यह देखा गया है कि जब हम अपनी स्वार्थपूर्ति में किसी प्रकार की बाधा देखते हैं, तो क्रुद्ध हो जाते हैं।

प्रत्येक मनुष्य में स्वाभाविक रूप से अहंकार की भावना होती है। अभिमान का दरिया निरंतर बहता रहता है। जिस प्रकार दरिया में कोई भी चीज

गिरने से उसका पानी चंचल हो जाता है, उसी प्रकार जब कोई हमारे अहंकार की नस को स्पर्श कर देता है, तो मन की चंचलता क्रोध में परिवर्तित हो जाती है। दूसरे शब्दों में, कहा जा सकता है कि क्रोध ही अहंकार की जड़ है।

परस्पर वार्त्तालाप में जब विचारों के मध्य साम्यता नहीं होती, तब भी क्रोध की उत्पत्ति हो जाती है। इस दुनिया में प्रत्येक व्यक्ति अपने मौलिक विचार, मन, मस्तिष्क के साथ जन्म लेता है। यही वजह है कि एक ही मां-बाप, घर-परिवार, स्थान व माहौल के बाद भी जितने भाई-बहन होते हैं, उनकी मानसिक प्रव त्तियां भिन्न-भिन्न होती हैं। रुचियों में विविधता तथा वैचारिक भेद भी बहुधा संघर्ष तथा क्रोध का कारण बनते हैं। इससे इतर विकास का मार्ग है कि मतभेद भले हों, पर उनसे मन-भेद न उत्पन्न होने पाए।

## सभी अनर्थों का हेतु (Root of All Evils)

क्रोध की तुलना भयंकर विष से की जाती है। क्रोध की अधिकता व्यक्ति के विवेक को विलुप्त कर देती है। यही कारण है कि क्रोधांध स्त्री-पुरुष बुरे से बुरा कार्य करने से भी पीछे नहीं हटते। इस संसार के अनेक अनिष्ट क्रोध की अधिकता के कारण ही हुए हैं।

क्रोध समझदारी को बाहर निकालकर बुद्धि के द्वार पर अहंकार व उन्माद की चटखनी लगा देता है। नीति वाक्याम त में कहा गया है कि 'गर्म होना सभी कार्यों की सिद्धि में प्रथम विघ्न है। क्रोध के आवेग में व्यक्ति का रक्तदाब तीव्र हो जाता है। उसके शरीर के कोमल अवयवों को बेहद क्षति पहुंचती है। कई बार सूक्ष्म तंतु अथवा महीन नसें जल भी जाती हैं। यह सब हमें ऊपरी तौर पर घटित होता प्रतीत नहीं होता, लेकिन शरीर के भीतर हम कितनी ही मूल्यवान धरोहरों को क्रोध के अग्निकुंड में स्वाहा कर देते हैं।

मनोवैज्ञानिक इस बात को साबित कर चुके हैं कि व्यक्ति अपने अनुभव से नहीं, अपितु अपनी आदतों से जीता है। अनुभव की पूरी प्रक्रिया से गुजरने के बाद जब मुक्ति मिल जाती है, तो वह प्रभाव है और जब मुक्ति न मिले, तो वह स्वभाव है। हम अपने स्वभाव से उबर नहीं पाते, बल्कि उसे दोहराए चले जाते हैं। यही बात क्रोध पर भी लागू होती है। बेहद सूक्ष्म-से उपायों से हम इस पर-प्रव त्ति को यदि समाप्त नहीं भी कर पाएं, तो इस पर नियंत्रण अवश्य स्थापित कर सकते हैं। उपाय इस प्रकार हैं :

# क्रोध निवारण के सूत्र
## (Principles of Getting Rid of Anger)

- जब भी हमें आभास हो कि हमें क्रोध आ रहा है, हम एक गिलास ठंडा पानी पी लें। कुछ क्षण रुकें और फिर सहज भाव से अपनी बात कहनी शुरू करें।

- क्रोध आने से पूर्व मस्तिष्क हमें उसका हलका-सा आभास कराता है। हम उस आभास को अनुभव करते ही सतर्क हो जाएं और अपने दिमाग को हिदायत दें, कि हमें क्रोधित नहीं होना है।

- कई बार दूसरे लोगों का वार्त्तालाप अथवा कार्य व्यवहार, हमें पसंद नहीं आता और हम क्रुद्ध हो उठते हैं। उन पर क्रोधित होने के बजाय हम हलके-से मुस्कराएं और उनकी नादानी के प्रति मन में सहिष्णुता का भाव लाएं और यही समझें कि जिसमें जैसी बुद्धि होती है, वह वैसा ही कार्य करता है।

- आपको जब भी क्रोध का आभास हो, शांत व मौन रहने का प्रयास करें। क्रोध आने को हो, तो **99** से एक तक उलटी गिनती-गिनना शुरू कर दें, फिर अपनी बात कहें।

- क्रोध के समय अपनी मनपसंद खाने की चीज अथवा पत्र-पत्रिका या टी.वी. देखना शुरू कर दें। बाद में संबंधित व्यक्ति को धीरे से तथा संयत भाव से बता दें कि आपको क्या पसंद नहीं है।

- ध्यान रखें, क्रोध के कारण आप कभी भी लाभदायक परिणाम तक नहीं पहुंच सकते हैं।

─────────── यह भी ध्यान रखें ───────────
### (Keep this in Mind)

- सत्व, रज और तम। ये तीन मानसिक गुण हैं। इन गुणों का एक अवस्था में रहना मानसिक स्वस्थता का लक्षण है।

- इस संसार में किसी प्रेम करने वाले हृदय को खो देना सबसे बड़ी हानि है।

- हमें जितना अधिकार अपनी बात कहने का है, दूसरे को भी अपनी बात कहने का उतना ही अधिकार है।

अध्याय 4

# दोस्त अवश्य बनाइए
## (MAKE FRIENDS)

*सत्य तो यह है कि मित्र होने के लिए स्वभाव, जीवन, लक्ष्य और व्यवहार में समानता आवश्यक है। इन लक्षणों के अभाव में कोई शत्रु का मित्र हो अथवा शत्रु का शत्रु, कुछ भी अंतर नहीं पड़ता।*

—गुरुदत्त

यदि आप व्यवहार कुशल एवं सफल बनना चाहते हैं, तो आप में दोस्त बनाने की कला होनी जरूरी है। सच्चे मित्र जीवन के अमूल्य निधि होते हैं। जीवन में ऐसे अनेक अवसर आते हैं, जब हम अपने दिल की बात किसी खास व्यक्ति को ही बताना चाहते हैं, तब मित्र ही आगे आते हैं और वे ही हमारे सच्चे सहयोगी साबित होते हैं। एक लोकोक्ति है कि 'अच्छे दोस्तों का मिलना दूभर है।' इसी सूत्र को ध्यान में रखते हुए अच्छे मित्र ही बनाएं।

## सच्ची मित्रता किसी वरदान से कम नहीं
### (True Friendship is Not Less Than a Blessing)

*हैलेन रोलैंड*, जो पश्चिम का एक विचारक है, ने अपने जीवन के अनुभवों का वर्णन करते हुए लिखा है कि हम जब किसी विवाद में पड़ जाते हैं, तो उसको सुलझाने के लिए वकील अथवा पुलिस को बड़ी से बड़ी रकम सहर्ष दे देते हैं, परंतु अपने प्रतिवादी के साथ ग्रंथिबंधन के लिए पादरी को मामूली–सी

रकम देने में अकसर आनाकानी करते हैं। यह बात समस्त देश, काल तथा परिवेश में लगभग फिट बैठती है।

साधारणतया हम इस प्रकार के व्यक्तित्व का निर्माण करते हैं, जहां विवाद का रास्ता अपनाकर हम बड़ी से बड़ी हानि सहने को तत्पर रहते हैं, लेकिन थोड़े से सहिष्णु होकर सद्‌भावना पूर्वक जीवन जीना हमें मंजूर नहीं।

जिंदगी उदाहरणों से भरी पड़ी है, जहां अपनों के लिए प्यार तथा दूसरों के लिए नफरत का सैलाब स्पष्ट द ष्टिगोचर होता है। सहिष्णुता का भाव हमारे व्यक्तित्व में सद्‌भावना एवं मैत्री का संचार करता है, जबकि असहिष्णु होकर हम विवाद के बीज रोपते हैं तथा शत्रुता का सौदा करते हैं।

हम समाज के प्रत्येक व्यक्ति के साथ मित्रता का भाव रखें, ऐसा करना कठिन है। फिर भी जरा कल्पना करके देखिए, समाज कितना सुंदर, स्वस्थ तथा टिकाऊ होगा। जिस परिवेश में चहुंओर प्रेम व स्नेह की सुवास होगी, चहुंओर सहयोग व अपनत्व के फूल ही फूल खिले होंगे, हर तरफ माधुर्य होगा। प्रत्येक क्षण में किसी के लिए कर गुजरने का जज़्बा होगा और प्रेम के प्राथमिक नियम के अनुसार दूसरों को कुछ देने की भावना होगी।

द्वेष व दंभ के आधार पर खड़ी की गई संघर्ष की इमारत को ढेर होने में वक्त नहीं लगता, जबकि प्यार व स्नेह का पौधा सदैव पुष्पित-पल्लवित होता है।

## सच्चा हमराज (True Friends)

हमें जीवन के समस्त क्षेत्रों में एक सच्चे व अच्छे हमराज की जरूरत महसूस होती है। हम चाहते हैं कि कोई हमारा अपना हो, जिससे हम अपने मन की बातें बता सकें। यह तभी संभव है, जब एक अच्छा दोस्त हमें मिले। एक ऐसा मित्र जिसका हृदय उदार होता है, जो हर समय आपके सहयोग को तत्पर हो, जो पग-पग पर आपका मूक सहयोगी हो।

प्रसिद्ध विचारक एन्ड्रू एम. ग्रीले के शब्दों में इस तरह से भी कहा जा सकता है, "प्रेम तथा गुण ग्राहकता चाहे वैवाहिक जीवन में हों, चाहे वैवाहिक जीवन के बाहर, मित्रता पर अवलंबित हैं।"

# मित्रता: एक भरोसा (Friendship: A Trust)

वस्तुतः मित्रता एक भरोसा है। यह अवधारणा की वह अवस्था है, जब आप खुद को किसी और के वास्ते लाभप्रद होने की अनुमति प्रदान करते हैं। जब वह व्यक्ति हमसे 'हमें' मांगता है, तो हम जवाब में 'खुद' को उसे देने को राजी हो जाते हैं।

स्मरण कीजिए किसी ऐसे क्षण को, जब आपके किसी खास ने आपको किसी मौके पर पुकारा हो, तब आप जैसे भी, जहां भी थे, उसके साथ हो लिए थे। यही स्वयं को किसी दूसरे के लिए संपूर्ण भाव से उपस्थित कर देना है, उपलब्ध करा देना है।

मित्रता की विकास प्रक्रिया यह है कि वह धीरे-धीरे बढ़ती है। इसको थोक में निर्मित नहीं किया जा सकता। मित्रता रूपी पौधे के लिए सौम्यता, सूझ-बूझ, बुद्धिमानी, सौजन्यता तथा दूरदर्शिता रूपी खाद-पानी की आवश्यकता होती है। इसमें धैर्य का स्थान सर्वोपरि है। धैर्य का पालन-पोषण समान शौकों, मूल्यों तथा उत्तरदायित्व के गर्भ में होता है।

जहां सच्ची मित्रता है, वहां प्रतिस्पर्द्धा गौण हो जाती है। सही मायनों में जो सच्चे दोस्त होते हैं, वे एक दूजे की सफलताओं और उपलब्धियों पर प्रसन्न होते हैं। मित्रता सदैव विकास करने की सामर्थ से युक्त होती है। वास्तव में मित्रता अथवा प्रेम, दो व्यक्तियों का एक ही दिशा में देखना है। मित्रता विनोद प्रधान होती है। इसके फलस्वरूप हम तनाव से मुक्त होते हैं तथा बाधाओं को दूर धकेलने में कामयाब होते हैं।

# लोकप्रियता के रहस्य (Secret of Popularity)

प्रत्येक व्यक्ति जो कामयाब होना चाहता है, लोकप्रिय भी होना चाहता है। वास्तव में जो व्यक्ति लोकप्रिय नहीं होता, उसका जीवन किसी भार से कम नहीं। यदि उसकी कुछ क्रियाओं को छोड़ दें, तो उसके जीवन में और किसी पशु के जीवन में, मूलभूत रूप से ज्यादा अंतर देखने को नहीं मिलता। प्रत्येक व्यक्ति लोकप्रिय हो सकता है, बशर्ते, वह कुछ छोटी-छोटी बातों का ख्याल रखे जो निम्न हैं :

- लोगों को यह महसूस कराएं कि आप उन्हें चाहते हैं।
- वार्त्तालाप के दौरान सिर्फ अपनी ही मत हांकिए।

- उस व्यवहार को अमल में लाइए, जो आपको अच्छा लगता है।
- जब भी कोई व्यक्ति आपके लिए भेंट अथवा उपहार लाए, उसकी प्रशंसा अवश्य कीजिए। भले ही आप किसी और तरह के उपहार की उम्मीद लगाए बैठे थे।
- हार होने पर भी मनोबल ऊंचा रखिए, जीतने पर और भी विनम्र हो जाइए।
- अपनी खामियों को खुले दिल से स्वीकार कीजिए।
- किसी के प्रति मन में मलाल मत रखिए।
- जहां तक संभव हो, सत्य ही बोलिए।
- पीठ पीछे प्रशंसा तथा मुंह के सामने सही सलाह हमेशा याद की जाती है।
- दूसरों की दिक्कतों व परेशानियों के समय उपहास उड़ाने का प्रयत्न मत कीजिए।
- दूसरे लोगों के विचार नम्रता से सुनिए, भले ही वे बेढंगे क्यों न हों।
- बड़प्पन क़े अहंभाव से स्वयं को उबारने का प्रयत्न कीजिए।
- आत्मसम्मान को खोए बिना, लड़ाई टालने का यत्न कीजिए।
- उन उपायों, विकल्पों का चयन कीजिए, जिनसे दूसरे लोग भी स्वयं को महत्वपूर्ण अनुभव करना सीखें।
- अपने पूर्वग्रहों के कारण किसी को भी अपने समुदाय से अलग करने का प्रयत्न मत कीजिए।
- अपनी बुरी आदतों की सूची बनाकर उन्हें क्रमशः दूर करने का प्रयत्न कीजिए।
- अपनी कुंठाओं और संशयों को स जनात्मक ढंग से हल कीजिए। भरसक प्रयास कीजिए कि वे आपकी मित्रता की राह में रोड़ा न बनने पाएं।
- दूसरों के प्रति आदर व सम्मान की भावना का विकास कीजिए।

## यह भी ध्यान रखें
### (Keep this in Mind)

● सामंजस्य एक कला है, उसकी साधना बेहद कठिन है। दो व्यक्ति साथ में रहें और परस्पर सामंजस्य करें, यह मानसिक शक्ति का सूत्र है, किंतु रुचि भेद, विचार भेद तथा कार्य प्रणाली का भेद होने पर सामंजस्य की कड़ी टूट जाती है। वे लोग सचमुच कलाकार होते हैं, जो भेद की स्थिति में भी अभेद का सूत्र खोज लेते हैं और सामंजस्य को कायम रखते हैं।

● हम अपने ही रहन–सहन को ऊंचा नहीं करें, बल्कि दूसरों के रहन–सहन के ऊंचे होने में भी सहायक बनें। दूसरों के साथ प्रेम व्यवहार से उनके हीन भावों को दूर करने का प्रयत्न करें।

● मित्रता की संधियां तो राज्यों के प्रमुखों से आती हैं, किंतु उनका पालन करने की इच्छा तो लोगों के दिलों से आनी चाहिए।

● हमारी लोकप्रियता हमारे कार्यों का सच्चा पुरस्कार है।

● लोकप्रियता को धन या बल से नहीं पाया जा सकता।

अध्याय 5

# चिड़चिड़ेपन को छोड़िए

## (GIVE UP IRRITABILITY)

> *मानव स्वभाव है कि वह अपने सुख को विस्त त करना चाहता है और वह केवल अपने सुखों से सुखी नहीं होता, कभी-कभी दूसरों को दुखी करके, अपमानित करके वह अपने मान तथा सुख को प्रतिष्ठित करता है।*
>
> **—जयशंकर प्रसाद**

चिड़चिड़े व तुनक मिजाज स्वभाव के लोग किसी के प्रिय नहीं होते। जबकि मिलनसार सरल तथा हंसमुख लोगों से हरेक व्यक्ति निकटता स्थापित करना चाहता है। यह जीवन इतना बेसुरा व बेस्वाद नहीं है कि हम इसे सामान्य मनोविकारों की अग्नि में होम कर दें।

## खुश तथा प्रसन्नचित्त रहिए (Be Happy and Cheerful)

जीवन में हमें सर्वथा भिन्न विचार-व्यवहार के लोगों के साथ रहना पड़ता है। इन व्यक्तियों में कुछ उदास प्रकृति के होते हैं, कुछ अश्लील तो कुछ का स्वभाव कठोर होता है। कुछ लोग पलायनवादी होते हैं, कुछ रंग में भंग करने वाले, जबकि कुछ लोग बड़े ही सामाजिक होते हैं। हमारा भी अपना एक मौलिक चरित्र होता है, जो कुछ लोगों को आकर्षित करता है, तो कुछ को विकर्षित। अनेक लोगों का व्यवहार या आदतें जब हमारी पसंद के मुताबिक नहीं होतीं, तो हम उनसे बात-बात में बिदककर या चिड़चिड़े मन

से बात करते हैं। यहां तक कि कई बार हम भड़क उठते हैं और बात बढ़कर स्थिति मरने-मारने तक पहुंच जाती है।

जीवन के विविध सोपानों पर जब हमारी वास्तेदारी ईर्ष्यालु, घमंडी और बेढंगे लोगों से पड़ती है, तो उनके प्रति उपजे घ णा के भावों का हमारे मनःमस्तिष्क पर प्रतिकूल प्रभाव पड़ता है। फलस्वरूप हमारे स्नायु तनावग्रस्त तथा रुग्ण हो जाते हैं।

यदि हम प्रत्येक बात पर चीखने-चिल्लाने लगें, तो शीघ्र ही अकेले पड़ जाएंगे, क्योंकि हर कोई शांति चाहता है और दूसरे के पास इसलिए जाता है कि उसके निकट बैठकर अपना दुःख-दर्द बांटकर कुछ सकून पा सके।

अगर हम सफलता अर्जित करना चाहते हैं, तो हमें अपने व्यक्तित्व में दूसरों के साथ अच्छे व्यवहार का शऊर विकसित करना होगा। जिस पद के लिए आप योग्य हैं, उस तक पहुंचने के लिए सर्वाधिक महत्वपूर्ण और आवश्यक तत्व यह है कि आपके अंदर लोगों के साथ मिलकर चलने की क्षमता होनी चाहिए।

समाज में लोगों के साथ उचित ढंग से व्यवहार करने पर योग्यता व अनुभव के अनुसार धन व मान-सम्मान दोनों मिलेंगे। यही नहीं, यदि बेहतरीन जॉब को अंजाम देने के लिए लोग आपका भरोसा करते हैं, तो वे आपको मुंह मांगी रकम देने को सहर्ष तैयार हो जाएंगे।

## खुश मिजाज बनें (Be Jovial)

जहां तक संभव हो खुश रहिए। मुस्कराने की आदत डालिए। मुस्कराहट में बड़ा जादू है। डेल कारनेगी का कहना है कि मुस्कराहट पर खर्च कुछ भी नहीं आता, परंतु यह पैदा बहुत करती है। यह एक क्षण में पैदा होती है और इसकी स्म ति कभी-कभी सदा के लिए बनी रहती है।

## हीन भावना से बचिए (Keep Off Feeling of Inferiority)

स्वयं को हीन महसूस करना, सामाजिक प्रगति के सर्वथा प्रतिकूल है। लगभग सभी लोगों में थोड़ी बहुत हीनता की मनोग्रंथि पाई जाती है। हीन भावना से ग्रस्त व्यक्ति कमजोर तथा चिड़चिड़ा हो जाता है। वह हमेशा इसी

ऊहापोह में रहता है कि लोग क्या कहेंगे? वह जीवन की वास्तविकताओं से आंखें चार करने का दम नहीं रखता और वह समस्याओं से दूर भागने का यत्न करता रहता है। नई चुनौतियों तथा कार्यों के अनुकूल व्यवहार में कठिनाई अनुभव करने के कारण ऐसा व्यक्ति, असफलता की खाईं में जा गिरता है। ऐसे व्यक्ति की आदतें निम्न प्रकार हो जाती हैं:

## हीन भावना से ग्रस्त व्यक्तियों की पहचान
### (Characteristics of People Inflicted by Inferiority Complex)

- हीनता का विचार रखने वाले लोग आत्म-प्रशंसी होते हैं।
- इस तरह के लोग असामान्य होने का प्रदर्शन करते हैं।
- वे जोर-जोर से बोलकर दूसरे लोगों को प्रभावित करने का यत्न करते हैं।
- ऐसे व्यक्ति किसी की सफलता देख ही नहीं सकते हैं।
- हीन भावना से ग्रस्त व्यक्ति विकल्प के अभाव में बदला लेने की सोचते हैं।
- परिहास की स्थिति में वे एकदम क्रोधित हो उठते हैं।
- हीन भावना से ग्रस्त लोग अपने वार्त्तालाप में ऐसी बातों को प्रमुखता देते हैं, जो लगने वाली हों।
- ऐसे लोग वास्तविक उपलब्धियों में विश्वास नहीं रखते, उन्हें प्रशंसा व खुशामद अधिक सुखकर लगते हैं।
- ऐसे लोगों को जब सुझाव दिए जाते हैं, तब प्रथमतः तो वे उन्हें सुनने को ही राजी नहीं होते, दूसरे, यदि सुन भी लेते हैं, तो उन पर अमल नहीं करते।
- हीनता बोध वाले लोग जमीन की ओर आंखें नीचे किए चलते हैं।
- वे अकसर अपनी समस्याओं का रोना दूसरे लोगों के सामने रोते रहते हैं तथा रोजाना राय लेने दूसरों के पास जाते हैं।

# औरों को दुख देकर सुख की खोज
## (Looking for Happiness in Others' Trouble)

हम यदि बारीकी से अपना मनोवैज्ञानिक अध्ययन करें, तो पाएंगे कि कभी-कभी हम दूसरों को सताकर सुख का अनुभव करते हैं। यानी हम कमजोर लोगों पर हाबी होकर अपना खौफ़ कायम करना चाहते हैं। समर्थ लोगों के सम्मुख चुप्पी साधे रहने से, जो मानसिक पीड़ा हम झेल रहे होते हैं, उसे उसी रूप में दूसरों को पीड़ित करने में हमें सुख का अनुभव होता है। जैसे दफ्तरों में बड़े साहब से डांट खाकर आने वाला कर्मी अपने पद से नीचे काम कर रहे कर्मियों को डांटता है या पति द्वारा पीटी गई पत्नी बच्चों पर पिल पड़ती है। एक शायर इसी बात को इस तरह से कहता है:

'अपना गम लेके कहीं और न जाया जाए,
घर में बिखरी हुई चीजों को सजाया जाए
खुदकशी करने की हिम्मत नहीं होती सब में
और कुछ दिन यूं ही औरों को सताया जाए।'

सभी लोगों की यह स्वभावगत विशेषता होती है कि वे स्वयं को महत्वपूर्ण बताने का प्रयत्न करने लगते हैं। इस क्रिया में अपनी रुचि के अनुसार धन का बखान करने, पारिवारिक यशोगान करने, ऊंचे पद वाले रिश्तेदार का द ष्टांत देने या स्वयं को निर्दिष्ट लोगों की श्रेणी में रखने जैसा प्रलाप करते देखे जाते हैं। इस बारे में मनोवैज्ञानिकों की यही राय होती है कि ऐसे लोग हलके व ओछी मानसिकता के होते हैं। साथ ही हमें हर हालत में हीनता को भी अपने अंदर पनपने नहीं देना चाहिए।

## —————— यह भी ध्यान रखें ——————
### (Keep this in Mind)

- लोकहित भव्यतम प्रेरणा है।
- हीनता हिंसा से भी हीन है।
- प्रशंसा की ठंडी आग वज्र को भी पिघला देती है।
- हीनता के बजाय सद्गुणों का विकास करें।
- स्वयं को दूसरों के लिए प्रेरणा-स्रोत के रूप में प्रतिष्ठित करना चाहिए।

31

अध्याय 6

# अपने दुखों का रोना बंद कीजिए
## (STOP LAMENTATION)

*जिसे हम सुख कहते हैं, अगर वह भी तीव्रता से पूरी तरह हम पर लद जाए, तो हम लद जाएंगे, जबकि दुख इतनी बुरी तरह नहीं तोड़ता है। वह इसलिए कि, एक तो हम बचपन से दुख के आदी हो जाते हैं और दूसरे, दुख से बचने के लिए हम हमेशा सुख की आशा बनाए रहते हैं और दुख को किसी तरह से झेल लेते हैं।*

—ओशो

इस दुनिया में ऐसे लोग बहुत कम हैं, जिनका दुखों से कभी न कभी वास्ता न पड़ा हो। कुछ दुख ऐसे होते हैं, जिन पर हमारा कोई नियंत्रण नहीं होता, जबकि कुछ दुख हमारे अपने कृत्यों द्वारा निर्मित होते हैं। वैसे यह बात भी सच है कि दिल की बात कह देने से मन हलका हो जाता है, परंतु जब इसे अपनी रोजमर्रा की जिंदगी अथवा आदतों का एक हिस्सा बना लिया जाता है, तो वही लोग कतराने लगते हैं। अतः बेहतर यही होगा कि व्यक्तित्व में चार चांद लगाने के लिए इस आदत से बचें।

### सुख के पुष्प चुनिए (Pluck the Flowers of True Happiness)

मानसिक संवेग हमारे जीवन की दशा व दिशा को निर्धारित करने में महत्वपूर्ण भूमिका निभाते हैं। हमारे अधिकांश सुखों व दुखों का कारण भी

यही मानसिक संवेग ही है, जो लोग लोक-व्यवहार के दौरान अपने मानसिक संवेगों को नियंत्रित नहीं कर पाते, वे समाज, परिवार तथा कार्यक्षेत्र में उपहास अथवा निंदा का पात्र बन जाते हैं।

मानसिक संवेगों की बाबत *डॉ. जोसेफ कौलिंस* का यह द ष्टिकोण कि संवेगों का पोषण न करने से हम रूखे, कठोर तथा अपरिवर्तनीय बन जाते हैं। उनको दबाने से हम नीरस, सुधारात्मक एवं दूसरों से स्वयं को पवित्र समझने लगते हैं। हमारे मानसिक संवेग प्रोत्साहन देने पर हमारे जीवन को सुखमय बनाते हैं तथा दबाने पर विषमय तथा दुखमय।

दरअसल, मानसिक संवेग बुरे नहीं होते, वरन् उनके परिणाम बुरे हो सकते हैं। संवेगों पर आपका नियंत्रण आपको सुख के पुष्प चुनने का अवसर देता है, जबकि अनियंत्रित संवेग हानिप्रद तथा व्यवहारकुशलता के बिल्कुल विपरीत तत्व साबित होते हैं। संवेग काफी हद तक हमारी इच्छा-अनिच्छा पर भी निर्भर करते हैं। *स्वामी रामसुख दास* का कहना है कि 'मनुष्य के सामने दो ही विकल्प हैं, या तो वह अपनी सभी कामनाएं पूरी कर ले अथवा उनका त्याग कर दे। वह कामनाओं को तो पूरी कर नहीं सकता, फिर उनको छोड़ने में किस बात का भय? जो हम कर सकते हैं, उसको तो करते नहीं और जो हम नहीं कर सकते, उसको करना चाहते हैं, इसी प्रंमाद से हम दुख पा रहे हैं।'

दैनिक जीवन में हमें अनेक प्रिय तथा अप्रिय अनुभूतियों से दो-चार होना पड़ता है। यदि हम इन छोटी-छोटी पेचीदगियों को इकट्ठा करने में जुटे रहे, तो हम जल्द ही उनके बोझ तले इतने दब जाएंगे कि सफलता के मार्ग पर चलने की बजाय हम उस बोझ के गट्ठर को ढोते हुए धीरे-धीरे खिसकेंगे। इस प्रकार के कटु अनुभवों, अप्रिय संस्मरणों तथा मन को दुखी करने वाले विचारों को हमें तत्काल भूलने की जरूरत है।

## दुखों को भूलने की आदत विकसित करें

**(Develop the Habit of Forgetfulness)**

हमें जीवन में अपनी अनेक गलतियों, असफलताओं तथा पिछले अनुभवों से बड़ी सीख मिलती है। अतः नई एवं पुरानी स्म तियों को छांटना बहुत महत्वपूर्ण है। इस समाज में ऐसे मुट्ठी भर लोग ही होते हैं, जो अपने

जीवन की अप्रिय घटनाओं को भूलते जाते हैं और सिर्फ अच्छी, सुखमय तथा आनंदप्रद घटनाएं ही याद रखते हैं। सफलता का यह प्रामाणिक सूत्र है कि हम अपने अतीत की गलतियों, मूर्खताओं तथा आपत्तियों को भूलते जाएं। जबकि मोटे तौर पर होता यह है कि हम अपने बीते समय के कड़वे अनुभवों को समय-समय पर याद करके अपने मस्तिष्क को तनावग्रस्त करते रहते हैं।

हमें यह मनहूस आशंका हर वक्त अखरती रहती है कि अभी न जाने कितने और कष्ट हमें झेलने होंगे। अतः इस धारणा से हमें मुक्त होना ही पड़ेगा, अन्यथा गलत धारणा घर कर लेने से विकास की प्रक्रिया अवरुद्ध हो जाती है।

## धनोपार्जन ही सुख का आधार नहीं
### (Money Making is not the Basis of T rue Happiness)

समाज में बहुत से लोगों की अवधारणा है कि भौतिक सुख-संपदा तथा अकूत धन-संपत्ति ही सुखी जीवन का मूलाधार है, लेकिन उनकी अवधारणा बिल्कुल गलत है। यदि मात्र इनसे सुख आता होता, तो अमीरों के घरों में इतने फसाद, कलह, अशांति कभी न होती। फिर भी जरूरत के मुताबिक धन का होना नितांत जरूरी है, लेकिन जब हम इसे ही सर्वोच्च साधन मान लेते हैं, तो वहीं से व्यक्ति में गरूर उत्पन्न होता है, जो सुख-चैन में बाधा पहुंचाता है।

दूसरी ओर गलत धन या मार्गों का अनुसरणभर हमारे दुखों में व द्धि का एक प्रमुख कारण है। अपार धनराशि का स्वामी होने से ही मनुष्य सुखी नहीं होता वरन् व्यक्तिगत कुशलता में क्रमशः विकास करने पर ही उसे सुखानुभूति होती है।

एक प्राचीन किंवदंती है कि धन अच्छा सेवक है, परंतु खराब स्वामी भी है। धनी होने पर हम खुद को सुरक्षित समझते हैं, यानी हम अपनी तथा अपने आश्रितों की इच्छाएं-आवश्यकताएं पूर्ण कर सकते हैं। स्पष्ट है कि कुशलता तथा कार्यों की सिद्धि हेतु धन एक आवश्यक साधन है, परंतु यदि हम धन के अधीन हो जाएं, तो हमारी हालत उस व्यक्ति की तरह होगी जो सोते-जागते धन के इर्द-गिर्द ही सिमट कर रह जाएगा, इससे हमारे चरित्र में लोभ, मोह, ईर्ष्या, क्रोध, आशंका आदि दुर्गुण बढ़ जाएंगे।

*सिकंदर* से जब पूछा गया कि तुम धन एकत्र क्यों नहीं करते? तब उसका जवाब था कि इस डर से कि उसका रक्षक बनकर कहीं भ्रष्ट न हो जाऊं।

*हरि अग्रवाल* ने अपनी पुस्तक *'पैसा रोग की जड़'* में धन को निरूपित करते हुए लिखा है कि ''धन एक ऐसा पदार्थ है, जो मानव को मानव से प थक कर देता है तथा परस्पर दुराव (भेद भाव) की भावना उत्पन्न कर देता है। मानव धन के नशे में इस तरह मतवाला हो जाता है कि वह परमात्मा की रची हुई स ष्टि को भी हेय द ष्टि से देखने लगता है। वास्तव में मानव और मानवता का मापदंड धन नहीं, मानव की योग्यता है। धन से मनुष्य तो खरीदा जा सकता है, परंतु उसकी मनुष्यता नहीं।''

*''बेन्जामिन फ्रेंकलिन* कहा करते थे, ''अभी तक धन ने किसी को सुखी नहीं बनाया और न बना पाएगा। सुख उत्पन्न करना इसकी प्रकृति में नहीं है। जिस मनुष्य के पास धन अधिक होता है, वह और अधिक की कामना करता है।''

पंचतंत्र की मान्यता है कि इस पर विश्वास रखिए, बहुत अधिक धन के साथ-साथ जो मुसीबतें आती हैं, उनकी अपेक्षा थोड़े धन के साथ ईश्वर का भय होना कहीं अच्छा है।

हमारा सत् कार्य, हमारा आत्मिक विकास ही एक मात्र महान् मित्र है, जो मरणोपरांत भी हमारे साथ रहता है।

## यह भी ध्यान रखें
### (Keep this in Mind)

- दुख तो जीवन का सबसे बड़ा रस है। जिसे जीवन में दुख नहीं मिला, उसे सुख की अनुभूति ही क्या होगी? जो स्वयं दुख का अनुभव करता है, वही दूसरे के दुख को बेहतर ढंग से पहचान व समझ सकता है।

- दुख तो मानने का है। मानो तो दुख का अंत नहीं और मानो तो मौत भी सुखदायी है।

- दुख सभी को होता है, पर दुख को दुख मानकर, जो उसे सहने की शक्ति रखते हैं, उनके लिए दुख भी सुख हो जाता है।

- यदि भोजन मिलता रहे, तो सारे दुख सहे जा सकते हैं।

- नानक दुखिया सब संसार।

अध्याय 7

# सम्मानजनक कार्यों को प्राथमिकता दें
## (GIVE PRIORITY TO NOBLE DEEDS)

*दूसरों को हम पर हंसने का मौका तब आता है, जब हम अपनी आंखों में हलके हो जाएं। सुधारक और अग्रगामी व्यक्ति संसार में मूर्खों द्वारा सदा लांछित हुए हैं, पर वे अपनी आंखों में हलके नहीं हुए।*

**—कन्हैयालाल मिश्र 'प्रभाकर'**

मनुष्य अपने जीवन में धन, पद, प्रतिष्ठा इसलिए अर्जित करता है, ताकि समाज में उसको सम्मान मिले, उसकी एक साख हो। व्यवहारकुशलता के साथ सफलता के मार्ग पर उपलब्धियों के फूल ही फूल उगें, चहुंओर व्यक्तित्व विशेषता की सुरभि फैले। इसके लिए हमें जीवन में उन कार्यों को प्राथमिकता देनी होगी, जो सम्मानजनक कार्यों की श्रेणी में आते हैं।

## बिन इज्जत सब सून
### (All is Useless Without Honour)

हम स्वस्थ, सुंदर शरीर के मालिक हों, हमारे घर की तिजोरियों में धन, आभूषणों के अंबार लगे हों, हमारे पास अपार भू-संपदा हो, परंतु फिर भी हम बेहद निर्धन हैं, यदि हमारे पास सम्मान का वैभव नहीं है, इज्जत की दौलत नहीं है, यानी बिन इज्जत सब सून।

हमारा विवेक बहुधा जिंदगी के संग्राम से जूझने की बजाय पलायन के मार्ग का अनुसरण करता है। जीवन की जटिलताओं व चुनौतियों से टक्कर लेने की बजाय उससे दूर भाग जाना अधिक सुगम प्रतीत होता है। जिंदगी की मुश्किलों से मुंह बचाकर भागने वाले लोग मारे-मारे फिरते हैं।

मनोवैज्ञानिक कहते हैं कि ''अहं आदर्श'' ही व्यक्ति के समस्त विचारों का केंद्र बिंदु है। शायर *इकबाल* ने इस विचार को बड़े ही सुंदर ढंग से अपने इस शेर में कहने का प्रयास किया है कि:

*खुदी को कर बुलंद इतना,*
*कि हर तदबीर से पहले।*
*खुदा बंदे से खुद पूछे,*
*बता, तेरी रज़ा क्या है?*

आप एक इनसान हैं और इस इनसानियत को जिंदा रखने के लिए सम्मान व आदरपूर्वक जीने का सपना जीवित रखें। *ईसा मसीह* कहा करते थे, ''अपने पड़ोसी को अपने जितना सम्मान दो।''

अपने अंदर की ठोस बुनियाद पर आत्मसम्मान का आधार बनाना चाहिए। साथ ही स्पष्ट तौर पर यह जान लेना आवश्यक है कि आत्मसम्मान ही अन्य सद्गुणों का आधार है। इसी के गर्भ में चारित्रिक उत्थान तथा उन्नति के सोपान छिपे हैं।

# अपनी इज्जत आप कीजिए (Have Self-Respect)

जब कोई पुरुष अथवा स्त्री स्वयं अपनी इज्जत करे, तो यकीन मानिए, स्वाभाविक रूप से उसमें इतनी अच्छाइयां मौजूद हैं, जो दूसरों में नहीं होंगी। जबकि वे लोग जिनमें आत्मसम्मान की कोई भावना नहीं है, उन्हें नेक व्यवहार करने या एक ईमानदार, सच्ची और खरी जिंदगी बिताने के लिए कोई प्रेरणा नहीं होगी। आत्मसम्मान से ही नीयत बनती है और बिना सही नीयत के कोई सही काम नहीं हो सकता। कहा भी गया है – 'जैसी नीयत, वैसी बरकत।'

समाज में यदि नजर घुमाकर देखें, तो अधिकांश लोग हमें निरुद्देश्य जीते नजर आएंगे। उनके जीवन में मान-अपमान का कोई स्थान नहीं। आप

उनकी कितनी भी इज्जत उतारते रहें, वे खीसें निपोरते रहते हैं। यही स्थिति उन्हें सम्मान देते वक्त भी होती है।

समाज में असम्मानजनक स्थिति में रह रहे व्यक्ति नदी में बहने वाले तिनके की तरह लुढ़कते चले जाते हैं। जो लोग स्वाभिमान विहीन होते हैं, जरा-सी भी कठिनाई आने पर वे लाचारी महसूस करने लगते हैं।

सुप्रसिद्ध दार्शनिक *आरेलियस* कहा करते थे, ''अपने जीवन को पहाड़ की तरह सम्मानजनक बनाइए, ताकि लोग देख सकें और जान सकें कि सचमुच यहां एक इनसान रहता है, जो अपने स्वभाव व पसंद के मुताबिक जीता है।

## हठीलेपन से बचिए (Avoid Obstinacy)

हठीलेपन को आत्मसम्मान से जोड़ना भारी गलती है। जो व्यक्ति जीवन में कामयाबी के लिए कोशिशों में जुटा है, उसे फैसलों और विवेक का हरदम उपयोग करना चाहिए।

*नेपोलियन* के विषय में कहा गया है कि उसने गलती से कोई विजय प्राप्त नहीं की, मैदान में जीतने के पहले वह प्रत्येक लड़ाई अपने दिमाग में जीत लेता था। चीजों की कल्पना यथार्थवादी ढंग से करने की कोशिश कीजिए अर्थात् वस्तुओं, घटनाओं और परिस्थितियों के बारे में उस रूप में विचार कीजिए, जिसमें वे हैं।

समाज में उपलब्ध चरित्रों को समझने और उनके बारे में फैसले करने की बुद्धि आप में होनी चाहिए, वरना आप बड़ी गलतियां कर सकते हैं। किसी भी चीज को स्वीकार करने से पहले उसे देखिए, उस पर गौर कीजिए और उसका मूल्यांकन कीजिए। हठ-धर्मिता व्यक्तित्व के सकारात्मक गुणों को दबाने का काम करती है। अपनी बात को बिना भय व आक्रोश के कहने की आदत विकसित कीजिए, परंतु एक ही बात को 'लकीर के फकीर' की भांति बार-बार करते रहने से सामने वाला खीझ महसूस करता है। इससे हो सकता है, आपका बना-बनाया काम बिगड़ जाए।

अपनी प्रसिद्ध पुस्तक *'गुनाहों का देवता'* में *धर्मवीर भारती* लिखते हैं – ''मनुष्य का स्वभाव होता है कि जब वह दूसरे पर दया करता है, तो वह चाहता है कि याचक पूरी तरह विनम्र होकर उसे स्वीकार करे। अगर याचक दान लेने में कहीं भी स्वाभिमान दिखाता है, तो आदमी अपनी

दयाव त्ति और दयाभाव भूलकर न शंसता से उसके स्वाभिमान को कुचलने में व्यस्त हो जाता है।''

## यह भी ध्यान रखें
### (Keep this in Mind)

● रूप-लावण्य प्राकृतिक गुण है, जिनमें कोई परिवर्तन नहीं हो सकता। स्वभाव एक उपार्जित गुण है, उसमें शिक्षा और सत्संग से सुधार हो सकता है।

● मनुष्य अपने धर्म का पालन अवश्य करे, लेकिन दूसरों को अपमानित करके नहीं। दूसरों को अपमानित करने से वह दूसरों से सम्मान का अधिकारी नहीं रह जाता।

● न कोई किसी का मित्र होता है और न कोई किसी का शत्रु होता है। स्वार्थवश ही मित्र और शत्रु हो जाते हैं।

● प्रयत्न नहीं करने पर भी विद्वान लोग जिसे आदर दें, वही सम्मानित है।

● दूसरों से सम्मान पाकर भी जो अभिमान नहीं करते, वही श्रेष्ठ व्यक्ति हैं।

अध्याय 8

# सामाजिक कार्यों के लिए समय निकालें

## (FIND TIME FOR SOCIAL WORK)

*हमें समाज के लिए अपने को सदा समर्पित रखना चाहिए। इसी से हम व्यवहार को अमली जामा पहना सकेंगे। समाज और पास-पड़ोस से कट कर कुएं के मेढक की तरह स्थिति बन जाएगी, जो आपकी उन्नति में बाधक होगी। आप समाज से जितना जुड़ेंगे, उसके लिए कार्य करेंगे, उतने ही लोकप्रिय होंगे। यही लोकप्रियता आपके उत्साह को कई गुना बढ़ाएगी। हमेशा याद रखें कि समाज आपका है। आपकी उसको जरूरत है। आप स्वयं को केवल अपने लिए नहीं, बल्कि समाज के लिए बनाएं।*

आज आपाधापी का दौर है। हर कोई अपने आप में, अपनी जरूरतों तथा समस्याओं में इस कदर परेशान है कि उसे दीन-दुनिया की परवाह एक बोझिल व उबाऊ काम प्रतीत होती है। अपने घर-परिवार या मित्र, परिचितों के लिए तो हम सुविधाजनक रूप से समय निकाल लेते हैं, लेकिन सामाजिक कार्यों के लिए हम बहाने बनाने में लग जाते हैं। यदि आप चाहते हैं कि समाज में आप लोकप्रिय व्यक्ति कहलाएं, तो सामाजिक कार्यों को भी पूरी जिम्मेदारी व दिलचस्पी के साथ करें। कहा भी गया है:

*'किसी की मुस्कुराहटों पे हो निसार*
*किसी का गम भी मिल सके तो ले उधार।*
*किसी के वास्ते हो तेरे दिल में प्यार*
*जीना इसी का नाम है।'*

# समाज से गहन सरोकार
## (Close Relationship with the Society)

समाज में हमें यदि अपनी पहचान कायम करनी है तथा सफलता के शिखर पर अपनी कर्म पताका फहरानी है, तो समाज से कटकर नहीं रहा जा सकता। समाज के प्रति हमारी गहरी संवेदनाएं तथा उत्तरदायित्वों का बोध ही हमें एक जिम्मेदार तथा कुशल नागरिक बनाने में महत्वपूर्ण भूमिका अदा करता है।

अमेरिका के पूर्व राष्ट्रपति *स्व. जान एफ. कैनेडी* कहा करते थे कि, "मेरे देश वासियो! यह मत पूछो कि तुम्हारा समाज तथा देश तुम्हारे लिए क्या कर सकता है, पूछो कि तुम अपने देश के लिए क्या कर सकते हो?"

जिम्मेदार तथा बुद्धिमान व्यक्ति अपने योगदान पर ध्यान देता है। वह लक्ष्य की ओर देखता है। कभी जब मन स्थिर हो तथा चित्त शांत हो, तब स्वयं से सवाल कीजिए कि आप अपने परिवार, दफ्तर अथवा संस्था या समाज के लिए क्या कर सकते हैं। क्या खाना, पीना, सोना तथा जीवन गुजार देना ही आपका उद्देश्य है। यदि हां, तो ये सब तो पशु-पक्षी भी करते हैं। फिर आप में तथा उनमें क्या अंतर है?

बहुत से व्यक्ति, जिनके मन में समाज के प्रति सेवाभाव है, वे संकोच अथवा 'लोग कुछ कहेंगे तो नहीं' की भावना के चलते आगे आने से कतराते हैं। जबकि जरूरत सिर्फ पहल करने की है। मुंबई नगर निगम के उपायुक्त *जी आर. खैरनार* ने जब महाराष्ट्र सरकार के विरुद्ध अपना मोर्चा खोला, तो लोग उन्हें सहयोग देने में सकपकाए; लेकिन एक वक्त ऐसा आया, जब पूरे महाराष्ट्र ने उन्हें हीरो की तरह मानकर न सिर्फ उनका स्वागत किया, बल्कि उन्हें हर तरह का सहयोग भी दिया।

*जार्ज बर्नार्ड शॉ* ने कहा है, "मनुष्य लड़खड़ाकर गिर-गिरकर तथा इस प्रकार हंसी का पात्र बनकर ही स्केटिंग करना सीखता है।" कहने का आशय यह है कि असफलता से निराश होने के बजाय सबक लेकर हमें निरंतर लक्ष्य हासिल करने के लिए उद्यत रहना चाहिए।

*सैमुअल स्माइल्स* एक प्रख्यात विचारक तथा लेखक हुए हैं। उनकी अनेक पुस्तकों ने पिछले सौ वर्षों में दुनिया के अनेक लोगों का मार्गदर्शन किया है। उन्होंने एक जगह लिखा है कि, "यह सही है कि उत्तम उद्देश्यों के लिए

कार्य करते हुए उत्तम लोग भी असफल हो सकते हैं, परंतु इन उत्तम लोगों ने भी असफल होने के लिए प्रयत्न नहीं किया था और न ही उन्होंने अपनी असफलता को उचित बताया। इसके विपरीत, उन्होंने सफल होने के लिए प्रयत्न किया था तथा अपनी असफलता को अपना दुर्भाग्य माना।"

स्पष्ट है कि किसी भी श्रेष्ठ उद्देश्य के लिए असफल होना सम्मान की बात है, जबकि किसी बुरे कृत्य में सफल होना असम्मानपूर्ण है।

## फैसलों में लेट-लतीफी ठीक नहीं

**(Never Procrastinate in T aking Decisions)**

आप जब भी कोई कार्य शुरू करें, तो उस समय उसमें उत्पन्न होने वाले अवरोधों की कल्पनाएं करने में समय नष्ट न करें। यदि विषैले कीड़े (बर्र) से बचना है, तो पहले उसके डंक को मसल डालो। कठिनाइयों पर बार-बार विचार करने से कठिनाइयों का भूत कुछ ऐसा दीर्घकाय तथा प्रबल प्रतीत होने लगता है कि अंततः उस कार्य से वंचित रह जाना पड़ता है।

*स्वामी विवेकानंद* कहा करते थे कि अनिर्णय की स्थिति म त्यु से भी बुरी है। जो भी करना है, बोधपूर्ण तरीके से करो। निर्णयों में देरी आपके लिए असफलताएं लाएगी।

इस समाज में अनेक काम ऐसे हैं, जो संभवतः आपकी बाट जोह रहे हैं। अशिक्षा, गरीबी, बीमारी तथा अपराध जैसे भयंकर विषयों के उन्मूलन के लिए आप से जो भी बन पड़े करें। मसलन, साल में कम से कम दस व क्ष लगाने का संकल्प करें। सामाजिक संस्थाएं जो वास्तव में कुछ कर गुजरने का जज्बा रखती हैं, के सदस्य बनें। लोगों को रचनात्मकता के प्रति सचेत करें तथा मानसिक विकास हेतु विविध आयोजनों में हाथ बटाएं इत्यादि।

### यह भी ध्यान रखें

**(Keep this in Mind)**

- जो कुछ न्याय संगत है, उसे कहने के लिए सभी समय उपयुक्त होता है।
- जीव प्रतिदिन म त्यु के मुंह में जा रहे हैं, परंतु बचे हुए लोग जीवित रहना चाहते हैं, इससे बढ़कर आश्चर्य और क्या हो सकता है?

अध्याय 9

# हिंसक तथा विध्वंसक गतिविधियों से परहेज करें

# (GET RID OF VIOLENT AND DESTRUCTIVE ACTIVITIES)

*मानवीय जीवन पारस्परिक आदान-प्रदान के सिद्धांत पर टिका हुआ है और जो लोग यह सोचते हैं, अपने चारों तरफ की दुनिया को शिकार बनाना है, वे अनायास ही विनाश के दलदल में अपने को फंसा लेते हैं और इस प्रकार सम ्द्धि के मार्ग से दूर होते चले जाते हैं।*

**—जेम्स एलन**

सभ्य, स्वस्थ, सफल व शिष्ट समाज में हिंसा समस्त दुखों व आपदाओं की जननी है। अपने स्वार्थ अथवा मंशाओं की पूर्ति के लिए अहिंसा का रास्ता छोड़कर हिंसा को प्रोत्साहन देना उचित नहीं। जो लोग अपने जीवन के परम सुख तथा असीम आनंद को अनुभव करने की इच्छा रखते हैं, उनके लिए हिंसा का विचार करना ही विष जैसा है।

## मारधाड़ क्यों? (Why Violence?)

तेजी से बढ़ती जरूरतें तथा उनकी प्रतिपूर्ति हेतु तमाम उचित-अनुचित साधनों को अमल में लाए जाने के कारण आज समाज में हिंसा का ग्राफ बढ़ रहा है। एक समय में पेशेवर बदमाश ही हिंसक गतिविधियों में संलिप्त रहते

थे, परंतु आज समाज का शिक्षित व सभ्य तबका भी हिंसक गतिवधियों में परोक्ष अथवा प्रत्यक्ष रूप से जुड़ा हुआ है। चाहे वह राजनीतिज्ञ हों, डॉक्टर, वकील या ऐसे ही किसी सभ्य पेशे से संबंधित व्यक्ति।

स्कूल-कॉलेजों में जहां, सरस्वती के ज्ञान की गंगा बहा करती थी, वहां आज रक्तपात व मारधाड़ की घटनाएं होनी आम हो गई हैं। इस दुनिया में **80** प्रतिशत लोग प्रेम करते हैं, परंतु हिंसा का प्रतिफलन इतनी बहुतायत में क्यों है? इसके पीछे अनेक कारण विद्यमान हैं। हिंसक गतिविधियों के द्वारा आज तक संसार की कोई भी समस्या सुलझाई नहीं जा सकी है। परस्पर बातचीत व सौहार्द के माध्यम से ही जटिल से जटिल समस्याओं पर काबू किया जा सकता है।

## आक्रामक प्रव त्ति (Aggressive Attitude)

मौजूदा दौर में वैज्ञानिक और तकनीकी प्रगति के कारण समाज में बदलाव हो रहा है। इन्हीं बदलावों के परिणामस्वरूप मानवीय स्वभाव व व्यवहार भी काफी हद तक प्रभावित हो रहे हैं। अलगाव, आक्रोश, हिंसा, आतंक आदि प्रव त्तियों में तेजी से होता इजाफा इसका प्रतीक है। युवा वर्ग में इसका व्यापक प्रभाव स्पष्ट द ष्टिगोचर होता है। इसके विषय में मनोवैज्ञानिकों का मत है कि आक्रामकता की प्रव त्ति के कारण मनुष्य ऐसा करता है। यह वह विध्वंसकारी प्रव त्ति है, जिसमें एक व्यक्ति दूसरे को चोट पहुंचाना चाहता है। ऐसा करके उसके कुंठित मन को संतोष प्राप्त होता है।

पिछले दो दशकों में आक्रामकता से परिपूर्ण इस व्यवहार को विविध द ष्टिकोणों से समझने के लिए अनेक अध्ययन किए गए हैं। वर्तमान समय में आक्रामकता का व्यवहार बेहद प्रचलन में है। यद्यपि समस्त आक्रामक व्यवहारों में तीव्र हिंसा निहित नहीं होती, तथापि ऐसे बर्ताव सभी व्यक्ति अपने जीवनकाल में यदा-कदा दोहराते रहते हैं।

आक्रामक व्यवहार की प ष्ठभूमि में शारीरिक अथवा मानसिक पीड़ा पहुंचाने की भावना होती है। शारीरिक रूप से पीड़ा पहुंचाना, सक्रिय आक्रामकता की श्रेणी में आता है। उधर जब हम किसी व्यक्ति की सामान्य दिनचर्या में अनावश्यक अवरोध पैदा करके अथवा अप्रिय सूचनाओं को प्रेषित करके तनाव, दबाव व कुंठा प्रदान करते हैं, तो वह निष्क्रिय आक्रामकता कहलाती है।

आज हर क्षेत्र में प्रतिस्पर्धा का बोलबाला है। सामाजिक मूल्यों में परिवर्तन की गति ने व्यक्ति को तनावग्रस्त कर दिया है। शार्ट-कट से ऊपर जाने अथवा कम समय में 'बहुत सारा' पा लेने की बीमार महत्वाकांक्षा ने असंतुष्टि को जन्म दिया है। जब मनचाही वस्तु इच्छित समय पर प्राप्त नहीं हो पाती या उसकी प्राप्ति के मार्ग में कोई रुकावट आती प्रतीत होती है, तो व्यक्ति की कुंठाएं और भी बढ़ जाती हैं। आज के युवा वर्ग के अत्यधिक कुंठित होने की यह सबसे बड़ी वजह है। वे इस बात की समीक्षा करने को कतई राजी नहीं होते कि महत्वाकांक्षा के अनुरूप उनकी योग्यता है भी या नहीं।

## कुंठा के कुप्रभाव (Bad Effects of Frustration)

अनेक मामलों में यह देखा जा रहा है कि उच्च शिक्षित होने तथा योग्यता रखने के बावजूद युवाओं को उचित रोजगार नहीं मिलता है।

बहुत से युवक-युवतियों को जब अपनी पसंद के मुताबिक रोजगार नहीं मिलता, पारिवारिक एवं सामाजिक संरचना उनकी उपेक्षा करती है, तब यहीं से उनके अंदर आक्रामक प्रव त्ति के अंकुर फूटने लगते हैं।

अनेक अध्ययनों के उपरांत मनोवैज्ञानिक इस निष्कर्ष पर पहुंचे हैं कि जिन व्यक्तियों में प्रतिस्पर्धा की भावना अधिक होती है, वे हमेशा जल्दबाजी में रहते हैं। उन्हें समय की कमी हमेशा खटकती रहती है। अनेक लोग इस सब के चलते उच्च रक्तचाप के शिकार हो जाते हैं तथा कई मौकों पर वे आक्रामक रवैये का प्रदर्शन करते हैं।

फिल्मों व टी.वी. पर प्रदर्शित कार्यक्रमों में हिंसक मामलों का महिमा मंडन तथा माफियाओं के वैभवपूर्ण जीवन का चित्रण अपरिपक्व व अल्प विकसित सोच वाले युवाओं को आकर्षित करता है।

समाज में आज अनेक व्यसन 'स्टेटस सिंबल' के रूप में प्रचलित हैं। शराब, धूम्रपान व मांसाहार भी व्यक्ति की आक्रामकता में व द्धि करने वाले तत्व हैं। अधिकांश युवाओं की इनमें संलिप्तता भी हिंसक गतिविधियों में इजाफे की मुख्य वजह है।

हिंसा में लिप्त व्यक्ति कानून के शिकंजे से बच नहीं सकता, देर या सबेर उसे सींखचों के पीछे जाना ही है। एक बार अपराधी का ठप्पा लग जाने

या अपराध की दुनिया में नाम शामिल करा लेने वाले लोगों से कोई भी व्यक्ति नाता-रिश्ता नहीं रखना चाहता।

उन्हें काम देना या नौकरी देना तो दूर, ऐसे लोगों के जीवन में प्रेम के फूल नहीं खिलते, सफलताओं का सूर्योदय नहीं होता।

जीवन में कामयाबी का स्वप्न देखने वाले लोगों को हिंसक गतिविधियों को कभी भी, कहीं भी अपने जीवन में प्रवेश की अनुमति नहीं देनी चाहिए।

## _____ यह भी ध्यान रखें _____
### (Keep this in Mind)

- निरपराधी की हत्या करना भयंकर कुकृत्य है।

- प्रत्येक छोटे से छोटा प्राणी या जीव मानव की दया का अधिकारी है।

- परमात्मा प्रेम का भूखा है, प्रार्थना का नहीं।

- जरा-सी कटुता का एक बीज अवचेतन मन में पहुंचकर कभी-कभी भयंकर रूप धारण कर लेता है।

- प्रत्येक व्यक्ति के भीतर परमात्मा है। जब हम व्यक्ति पर चोट करते हैं, तो परमात्मा नाराज होता है।

अध्याय 10

# औरों के काम आइए
## (BE USEFUL TO OTHERS)

*प्रेम, सहानुभूति, सम्मान, मधुर वचन, सामूहिक हित, त्याग भावना आदि से हर किसी को सदा के लिए आप अपना बना सकते हो। तुम्हारा ऐसा व्यवहार होगा, तो लोग तुम्हारे लिए बड़े से बड़े त्याग के लिए तैयार हो जाएंगे। तुम्हारी लोकप्रियता मौखिक नहीं रहेगी। लोगों के हृदय में बड़ा मधुर और प्रिय स्थान तुम्हारे लिए सुरक्षित हो जाएगा। तुम भी सुखी हो जाओगे और तुम्हारे संपर्क में आने वाले को भी सुख, शांति मिलेगी।*

—आसाराम बापू

हम अपनी प्रत्येक श्वांस के साथ जीवन की अवधि कम करते जाते हैं। जब जिंदगी की अवधि बेहद अल्प है, तो इतनी ईर्ष्या, द्वेष व मारामारी क्यों? जिंदगी में सुख-सफलता का सूत्र यही है कि हम दूसरों के काम आना सीखें। जब तक हम औरों की मदद के लिए स्वयं को प्रस्तुत नहीं करेंगे, वे भी हमारी मदद में हिचकेंगे। समाज में लोकप्रिय व सफल होने की चाह रखने वाले लोगों को चाहिए कि वे अधिकाधिक जितने लोगों के काम आ सकें, आएं। तभी तो कहा गया है:

'यही मकसद ह्याते इश्क का है
कि जिंदगी जिंदगी को पहचाने।'

## अपने लिए जीना भी कोई जीना है?
### (Living for 'Self' is not a Good Living)

अपने लिए तो पशु-पक्षी व अन्य सभी जीव जीते हैं। वास्तविक आनंद तो किसी और के लिए अपना सर्वस्व होम कर देने में है। ये बातें निरी कागजी नहीं हैं, वरन् व्यक्ति को व्यक्ति से, समाज को समाज से जोड़ने का काम करती हैं। जब हम किसी के लिए कुछ कर देते हैं, तो एक अनन्य भाव हमारे भीतर उपजता है, जो हमारे आत्मगौरव को और भी स्वस्थ और सम द्ध करने का काम करता है।

किसी भी मनुष्य के लिए व्यवहारगत दोष उसके लिए विष जैसे हैं। इन दोषों में दूसरों की बेवजह भर्त्सना अथवा अकारण निंदा करना भी शामिल है।

किसी ने सच ही कहा है कि पता नहीं कितने कारोबार सिर्फ बदमिजाजी की वजह से समाप्त हो जाते हैं। व्यक्ति के लिए दूसरों का अपमान करना वैसे ही हानिकारक सिद्ध होता है, जैसे इंजन के लिए बालू।

जब किसी कंपनी का मालिक अथवा मैनेजर ताने देने, गाली गुफ़्ता करने को अपनी कार्यशैली का हिस्सा बना लेता है, तो उसके उद्‌देश्य पानी में जाने लगते हैं।

आप अपने पास-पड़ोस, घर-परिवार अथवा अन्य किसी स्थान पर दूसरों की मदद करें। अनेक बार व्यक्ति सिर्फ मूक अपेक्षा करता है। जब उसकी अपेक्षा पर सामने वाला खरा नहीं उतरता, तो संबंधों पर उदासीनता की धुंध छाने लगती है।

## सहयोग के लिए तत्परता (Show Promptness in Helping)

दूसरों के काम आने के लिए तत्पर रहें, साथ ही उससे जुड़े तथ्यों की अनदेखी भी करें। नीचे कुछ सूत्र दिए जा रहे हैं, जिन पर अमल करके आप भली प्रकार अपनी व्यवस्थाएं सुनिश्चित कर सकते हैं।

किसी भी बात को मन में दबाकर मत रखो, बातचीत के द्वारा अपने मन के गुबार को बाहर निकालो।

सहजता व सरलतापूर्वक बातचीत करने का अभ्यास करें। बातचीत की प्रक्रिया में बहुत गुण होते हैं, जो आपकी घुटन दूर करते हैं तथा आपको सही

मार्ग पर अग्रसारित करते हैं। अपनी परेशानी से संबंधित व्यक्तियों के साथ ईमानदारी से बातचीत कीजिए।

क्रोध से परहेज करें, क्योंकि किसी भी समस्या को सुलझाने के लिए ठंडे दिमाग की आवश्यकता होती है।

कभी-कभी झुकिए भी। जब आप दूसरों के सामने झुकेंगे, तब बहुत संभव है कि दूसरे भी आपके सामने झुकेंगे।

दूसरों के लिए कुछ कीजिए। यदि आप किसी को कष्ट के गड्ढे से बाहर निकालते हैं, तो आपको अपने कष्ट दफनाने के लिए स्थान स्वतः मिल जाता है।

एक समय में एक ही काम कीजिए। अधिक काम से घबराइए नहीं, एक समय में एक-एक काम करके आप सबको निपटा सकते हैं। सबसे आवश्यक काम को सबसे पहले कीजिए।

स्वयं से बहुत अपेक्षाएं मत रखिए। अपनी कमियों के प्रति सहनशील बनिए।

अपनी आलोचना से विचलित मत होइए। दूसरों से अत्यधिक उम्मीदें मत रखिए।

स्वयं को सुलभ बनाइए। स्वयं को तिरष्कृत एवं बहिष्कृत समझने की सोच बदलिए।

हम किसी व्यक्ति को व्यक्तिगत रूप से तरजीह दें या न दें, परंतु यदि उसने किसी अन्य व्यक्ति को हमारे पास भेजा है, तो उसे पूरी-पूरी प्राथमिकता दें। ऐसा करने से हमारा उन दोनों व्यक्तियों पर बड़ा ही सकारात्मक प्रभाव पड़ता है।

## 'नहीं' कहना भी सीखें (Learn to Say 'No')

दूसरों के काम करने की भी कुछ सीमाएं हैं। यदि आप उन सीमाओं का उल्लंघन करते हैं, तो यह आपकी कामयाबी व लोकप्रियता के लिए घातक कदम होगा। जिन कार्यों को आप कर नहीं सकते या जिस कार्य को करना आप उचित नहीं समझते, उसकी बाबत स्पष्ट मना करने की प्रव त्ति पालें।

जब भी कोई व्यक्ति हमसे किसी वस्तु की अपेक्षा करता है, तब वह सकारात्मक सोच रखकर ही प्रस्ताव करता है। सामान्यतः समस्त मामलों में नहीं सुनना किसी को भी अच्छा नहीं लगता, इसलिए 'न' कहना भी एक कला है। दरअसल नकारात्मक जवाब अपने आप में एक द ढ़ कथन है। यह आपके स्पष्ट व मजबूत मंतव्य का प्रतीक है।

शिष्टाचार के चलते सामान्यतौर पर सभी को 'न' कहने में झिझक होती है। लेकिन मात्र झिझकने के कारण यदि आप 'न' भी नहीं कह सके और दूसरे, आदमी का काम भी नहीं हुआ, तो इस बात से उतनी हानि होने की संभावना है, जितनी कि संभवतः आपके 'न' कहने के कारण नहीं होती। हो सकता है, आपको अपनी दोस्ती से हमेशा-हमेशा के लिए हाथ भी धोना पड़ जाए।

इसका निर्णय आपको स्वयं करना होगा कि 'न' कहना आपके लिए कब और कितना महत्वपूर्ण है। किसी काम या बात से इनकार करने का कोई निश्चित फार्मूला नहीं है। आपके इनकार की शैली ऐसी हो कि उसकी वजह साफ तौर पर जाहिर हो जानी चाहिए।

पति-पत्नी, बच्चों तथा दोस्तों से मनाही भी एक कला से कम नहीं। पति को बेहद प्यार करने वाली पत्नी उनके किसी भी काम को इनकार करने के बाद अपराध बोध से ग्रस्त हो सकती है। ऐसे में शालीनता और विनम्रता से किया गया इनकार अपराधबोध उत्पन्न नहीं करेगा।

बच्चों से 'न' कहने से पूर्व उनकी जरूरतों, भावनाओं तथा समझ को ख्याल में लेना जरूरी है। हमेशा यह मत करो, रुको, वह मत करो, आदि नकारात्मक बातें बालमन पर प्रतिकूल प्रभाव छोड़ती हैं।

किसी चीज को कहने से पूर्व निम्न बिंदुओं पर विचार कर लेंगे, तो आपको कार्य व्यवहार में सुविधा महसूस होगी।

किसी चीज को मना करने से पूर्व सामने वाले की इच्छा समझने का प्रयास करें।

विस्त त व्याख्या या क्षमा याचना के बजाय संक्षेप में इनकार कीजिए।

विनम्र भाषा का प्रयोग कीजिए।

नकार का एक तरीका इस तरह से भी हो सकता है 'आपने मुझे स्मरण किया, इसका धन्यवाद, लेकिन आज मेरे लिए यह काम करना संभव नहीं होगा। यह कल हो जाएगा।

यह ध्यान रखें कि यदि कोई आपको सच्चे दिल से चाहता है, तो केवल इनकार कर देने से उसका आपके प्रति प्रेम कम नहीं हो जाएगा।

यहां यह जान लेना बेहद जरूरी है कि जो व्यक्ति छोटी-छोटी बातों का ख्याल नहीं रखता, वह बड़ी-बड़ी बातों का ख्याल रख ही नहीं सकता। अतः यदि हम अपने व्यक्तित्व को संवारना चाहते हैं, तो छोटी-छोटी बातों को इसमें पहले शामिल करें, इससे बड़ी-बड़ी बातों को संवारने में स्वतः मदद मिल जाएगी।

## यह भी ध्यान रखें
## (Keep this in Mind)

- सामान्यतः कोई भी व्यक्ति सीधे शब्दों में हमें यह नहीं बताता कि वह हमें 'नापसंद' करता है। हमें यह पढ़ना (जानना) आना चाहिए कि हमें कौन, कब 'पसंद' कर रहा है और कब 'नापसंद'।
- हंसी-मजाक कहने को तो हंसी-मजाक हुआ करते हैं, परंतु बहुत हद तक यह हमारे हृदय के भावों को प्रदर्शित करते हैं। मन के भीतर जो पक रहा होता है, वह अनुकूल परिस्थितियों में प्रकट हो जाता है। अतः हंसी-मजाक करते वक्त सतर्क रहें।
- जैसी हमारी मनोव त्ति होती है, उसी के अनुसार हमें उपलब्धि होती है। अतः हमें अपनी मनोव त्ति सदैव अच्छी ही रखनी चाहिए।
- स्वयं अपनी सहायता करने वालों की सहायता ईश्वर भी करता है।
- हमारी स्पष्ट राय हमारे व्यक्तित्व के उज्ज्वल पक्ष को प्रदर्शित करती है।

अध्याय 11

# कैसे खुश रहें पति-पत्नी
## (HOW A COUPLE BE HAPPY)

*तुम्हारे आंचल में नरम-गरम, अच्छाई-बुराई दोनों की वर्षा होगी, अतएव घबराओ मत, दोनों को स्वीकार करो। पति-पत्नी जब एकाकार होकर जीवन सागर में गोता लगाते हैं, तो उनकी मुट्ठी में सिर्फ मोती ही नहीं आते, अपितु सीप भी आते हैं। इनकी अलग-अलग उपयोगिता के हिसाब से दोनों ही वस्तुएं रख लेनी चाहिए। इसके अतिरिक्त यह मत भूलो कि मोती, सीप के अंदर ही पैदा होता है।*

—किशोर साहू

परिणय सूत्र में बंधने के बाद स्त्री तथा पुरुष उम्रभर के लिए एक दूसरे के हो जाते हैं। बहुधा ऐसे मौके कई बार आते हैं, जब मामूली-सी बातें तूल पकड़ लेती हैं और एक ही छत के नीचे तथा एक ही बिस्तर पर रहना दूभर हो जाता है। इसलिए अपने दांपत्य जीवन को भी बेहद व्यवहार कुशलता के साथ निभाना होता है, वरना सुख के फूलों के स्थान पर हमें दुख-भरे कांटों के दंश झेलने को विवश होना पड़ेगा।

## आपसी सौहार्द बनाए रखिए (Maintain Amity)

प्रसिद्ध विचारक जी. के. चेस्टरटन ने लिखा है, "यह एक बहुत गलत धारणा है कि आधुनिक पारिवारिक जीवन नीरस होता है, जबकि घर के बाहर साहसिकता और विविधता प्राप्त होती है। परंतु सच बात यह है कि स्वतंत्रता

का एक मात्र स्थान घर होता है। संपूर्ण संसार में यही एक मात्र स्थान है, जहां मनुष्य जब चाहे तब, व्यवस्था में हेर-फेर, नए-नए प्रयोग और इच्छानुसार मौज कर सकता है।

बहुत से लोग असीम सुख की उम्मीद के साथ वैवाहिक जीवन में प्रवेश करते हैं, परंतु जब उनका मोह भंग होता है, तब पश्चात्ताप करते हैं। यह दावेदारी नहीं की जा सकती कि विवाह शहद-भरा कलश है, परंतु यह सर्वथा कसैला तथा दुखदायी भी नहीं होता।

जीवन साथी के मध्य सूझ-बूझ व परस्पर सौहार्द की भावना इस अनुभव को प्रिय तथा आनंददायक बना सकती है।

पति-पत्नी का संबंध जितना मजबूत होता है, उतना ही नाजुक भी होता है। मामूली से मतभेद तथा गलतफहमियां, अनेक बार भारी विवाद के कारक बनते हैं। परिणामतः मनमुटाव होते हैं तथा दांपत्य संबंधों में दूरियां पैदा हो जाती हैं, जो कई बार अलगाव को जन्म देती हैं।

दांपत्य जीवन परस्पर स्नेह व विश्वास की डोर से बंधा रहता है। इस डोर को ढीली न होने दें। एक-दूसरे के प्रति समर्पण का भाव रखें तथा स्वप्न में भी विश्वासघात की चेष्टा न करें।

अपने विवाहपूर्व संबंधों को कोई नया नाम, नया रंग न दें। इन संबंधों को जारी रखना एक मूर्खतापूर्ण काम होगा। यह सब करने के बजाय एक-दूसरे की जरूरतों तथा भावनाओं की कद्र करें। भरा-पूरा स्नेह दें तथा एकनिष्ठ बने रहें।

## सुख, सम द्धि आपके द्वार

### (Happiness and Prosperity at Your Door)

खुशहाल व आदर्श पति-पत्नी बनने के लिए एक-दूसरे को पूर्ण मान-सम्मान दें। एक दूसरे की कमियों, दोषों, अभावों को न कुरेदें, बल्कि परस्पर गुणों को तलाशें और मौका मिलते ही उनकी प्रशंसा करें तथा दूसरों के सामने रखें।

पत्नियों को यह बात सही मायनों में समझ लेने की आवश्यकता है कि उनकी तमाम सुख-सम द्धि के स्रोत उनके अपने घर की चारदीवारी में ही छिपे हैं। 'हमारे यहां तो ....।' 'हमने पापा .....।' 'हमारे परिवार में .....।' 'की

बजाय 'यहां तो... ।' 'वे .... ।' 'इनके .... ।' की बात करें। यदि आपको अपने 'इन से...' कोई शिकवा-शिकायत भी है, तो उसकी चर्चा केवल 'इन्हीं' से करें। वह भी एकांत और अंतरंग क्षणों में। इस शिकायत में कोई भी तीसरा व्यक्ति भागीदार नहीं होना चाहिए। भले ही कोई व्यक्ति आपका कितना ही खास क्यों न हो?

पत्नियों को चाहिए कि पत्नी धर्म के साथ-साथ पत्नी आचरण को अंगीकार करें। पैरों की जूती या चरणों की दासी बनकर नहीं, दिल की रानी बनकर रहें। इससे एक ओर जहां पति में अधिकार का गौरव आएगा, वहीं आपको यथेष्ठ स्थान व सम्मान मिलेगा। इससे पति-पत्नी, दोनों के अहम् संतुष्ट होंगे और यही संतुष्टि, एक-दूसरे के प्रति वफादारी का सूत्रपात करती है।

## विवाहरूपी समझौते का पालन करें
### (Follow the Contract of Marriage)

विवाह एक पवित्र सामाजिक समझौता है। आप दोनों इस समझौते के प्रति पूरी तरह से वचनबद्ध रहें। इसे आप जितनी गंभीरता से लेंगे, आपके दांपत्य संबंध उतने ही सुखद, मधुर तथा उष्ण बने रहेंगे, उतना ही विश्वास उपजेगा और तब विवाह आपको बोझ सरीखा नहीं लगेगा। वह परिवार की एकता और समाज की मर्यादाशीलता की इमारत का एक मजबूत आधार स्तंभ होगा।

पति-पत्नी को अपनी उच्चता प्रदर्शित कर एक-दूसरे पर विजय पाने की कोशिश नहीं करनी चाहिए। क्योंकि इससे दांपत्य जीवन जंग में बदल सकता है। मनोवैज्ञानिकों का कहना है कि पति-पत्नी की लड़ाई चौबीस घंटे से अधिक की नहीं होनी चाहिए। अतएव इससे पूर्व ही आपस में शिष्टता पूर्ण समझौते का मार्ग प्रशस्त करें।

## पति-पत्नी क्या करें (Duties of Husband and Wife)

पति-पत्नी को भलीभांति यह तथ्य जान लेना चाहिए कि अभिमान से कलह तथा क्लेश होता है, जबकि विनम्रता समस्त सुखों की जननी है।

कुसंगति के बजाय सत्य और सदाचार के मार्ग पर चलते हुए एक-दूजे में पूर्ण विश्वास रखना ही सबसे बड़ा धर्म है।

पति के प्रति निश्छल प्रेम भाव रखना, पति पर भरोसा रखना और उन्हीं के मुताबिक आचरण करना ही पतिव्रत धर्म है। इसी में ही पत्नी की महिमा, गरिमा, महत्ता और सम्मान है।

पति-पत्नी का यह कर्तव्य बनता है कि वे अपने स्वार्थ के बजाय परिवार के अन्य सदस्यों की सुख-सुविधा, बच्चों के लालन-पालन, शिक्षा, स्वास्थ्य सुधार तथा उनकी चारित्रिक निर्मलता पर भी ध्यान दें।

पत्नी-पति की दासी नहीं, उसकी अर्द्धांगिनी एवं मित्र है। पत्नी यदि स्वयं को पति की सेवा में अर्पित कर दे, तो यह उसके सतीत्व की शोभा और श्ंगार है, न कि पति का अधिकार।

ध्यान रखें, लज्जा, विनम्रता, निःस्वार्थ सेवा, सरल प्रेम, शील, सदाचार आदि नारी के आभूषण हैं, जबकि संयम, सदाचार, मित्र-भाव और निःस्वार्थ प्रेम पुरुष का स्वभाव। इनकी मौलिकता व सहजता बनाए रखें।

सदियों से हमारे समाज में पति-पत्नी के रिश्ते को पवित्र माना जाता रहा है। जिस घर में पति-पत्नी प्रेमपूर्वक रहते हैं, वह घर स्वर्ग समान है।

## यह भी ध्यान रखें
## (Keep this in Mind)

- वैसे तो वर्तमान जीवन-शैली व्यस्ततम है, फिर भी यदि पति-पत्नी एक दूसरे के लिए समय नहीं निकालेंगे, आपस में बातचीत, हंसी-मजाक नहीं करेंगे, तो जीवन में सरसता व मधुरता कहां से रहेगी?
- सुखी दांपत्य जीवन के लिए अंग्रेजी अक्षर 'टी' से शुरू होने वाले चार शब्द आधार स्तंभ हो सकते हैं। **TRUST** विश्वास, **TIME** समय, **TALK** बातचीत तथा **TOUCH** स्पर्श।
- पति-पत्नी स्वयं को किसी भी बात के लिए सर्वोच्च न मानें, न ही इसे प्रतिष्ठा का प्रश्न ही बनाएं। जीवन में समझौतावादी नजरिया रखें।
- वर्तमान में आधुनिकता के नाम पर पीने-पिलाने की सामूहिक पार्टियां आयोजित की जाती हैं। इस दौरान कई बार परिचय मित्रता में व मित्रता 'दूसरे' संबंधों में बदल जाती है। अतः इस प्रकार की पार्टियों व आयोजनों से दूर रहना चाहिए।
- पति-पत्नी से बढ़कर परस्पर कोई मित्र नहीं।

अध्याय 12

# परस्पर भावनाओं को समझें
# (UNDERSTAND MUTUAL FEELINGS)

*भावना जल है। उस पर देश, काल, गति का प्रभाव बड़ी जल्दी पड़ता है। विवेक चट्टान है। उस पर परछाइयां पड़कर हटती-मिटती रहती हैं। जल में तैरा जा सकता है, परंतु घर नहीं बनाया जा सकता। घर चट्टान पर ही बन सकता है। घर में रहने वाला अधिक सुरक्षित, व्यवस्थित अनुभव करता है, पर अपनी प्रकृति से लड़कर कोई सफल भी नहीं होता है।*

—डॉ. हरिवंशराय बच्चन

यदि विवाहित युगलों के मध्य भावनाओं का सम्मान, सद्भावना, निष्ठा एवं ईमानदारी के भाव हों, तो घर-परिवार में सुख एवं शांति का सूर्योदय होता है। यदि यह जरूरी है कि पति-पत्नी एक दूसरे की भावनात्मक विशेषताओं को सहन करना सीखें, तो यह और भी आवश्यक है कि वे अपनी विभिन्नताओं पर एक-दूसरे से बातचीत करें, विचार विनिमय करें। वहीं अनेक दंपती कुछ प्रसंगों पर परस्पर बातचीत को महत्व नहीं देते, परिणामस्वरूप उनके बीच विद्वेष और अविश्वास की गुप्त भावनाएं बनी रहती हैं।

## प्रेम के प्रवाह में गोते लगाइए
### (Plunge into Current of Love)

जिन दंपतियों की भावनाओं के सफे मोहब्बत के दस्तखत से लबरेज हैं, उन घरों में दो जहां की खुशियां आबाद रहती हैं। कितने ही धन, दौलत, मान,

मर्यादा, वैभव तथा संपन्नता के महल बनाए जाएं, यदि वहां स्नेह के गीत नहीं गाए जाते, तो समझिए सब उदास है, सब फीका है। एक अधूरापन है, जो उसमें रहने वाली जिंदगियों को बोझिल बनाता है। जहां जिंदगी की मधुरिमा नहीं, वहां आनंद की अनुभूति नहीं, सम्मान का संगीत नहीं...। एक मजबूरी-सी है, जो जिंदा रखे हुए है।

मजबूरी में कभी भी कोई स जन नहीं होता या कोई श्रेष्ठ अभिव्यक्ति नहीं हो सकती। पिछले कई दशकों से यह 'मजबूरी' हमारे दांपत्य जीवन में आई है। किसी ने बड़े ही अनूठे तथा हास्य रूप में ये पंक्तियां कही हैं :

*मेरे पड़ोस में एक आदर्श जोड़ी है,*
*जिसने मोहब्बत के लिए हर रस्म तोड़ी है।*
*एक दिन मैंने अपने एक दूसरे पड़ोसी से पूछा—*
*भैया,*
*किस बलबूते पर इनकी मोहब्बत इतनी गहरी है?*
*उसने कहा—*
*आश्चर्य है, तुम्हें मालूम नहीं !*
*पति कवि हैं, पत्नी बहरी है।*

जॉर्ज हौग्मेर कहा करते थे कि आधुनिक घरों में अशांति के तीन कारण हैं : 1. दंपतियों में उचित सामंजस्य का अभाव, 2. वैयक्तिक भिन्नताओं का अस्वीकार, 3. परस्पर विचार विनिमय करने की अयोग्यता।

मनोवैज्ञानिकों का मानना है कि समझदारी ही सुखी वैवाहिक जीवन का केंद्र बिंदु है। पुरुष तथा स्त्रियों के विचारों में अंतर भी अनेक समस्याओं की जड़ है।

शीतल इस बात से खिन्न है कि उसका पति विवेक अपना अधिकांश समय दोस्तों के साथ व्यतीत करता है। शीतल जानती है कि उसके पति उसे तथा परिवार को बहुत प्यार करते हैं, परंतु जब वे प्रत्येक शनिवार की शाम घर से दूर बाहर बिताते हैं, तो वह स्वयं को परित्यक्ता महसूस करती है।

वैसे शीतल को चाहिए कि वह पति के भावनात्मक पक्ष को कुरेद कर उनकी परेशानियों को जाने व कोई समुचित सलाह दे। इससे पति जहां उस पर लट्टू रहेंगे, वहीं यदि उनके मन में किसी अन्य स्त्री के प्रति प्रेम पनप रहा होगा, तो वह भी समाप्त हो जाएगा।

# गलतफहमियों से बचिए
## (Beware of Misunderstanding)

किसी भी दंपती में यदि किसी भी प्रकार की गलतफहमी घर कर गई है, तो उससे विकास के बजाय विनाश ही होता है।

मनोवैज्ञानिकों का कहना है कि आज तलाक के अधिकांश मामलों में यह तथ्य उभरकर सामने आया है कि पति-पत्नी की आपसी नासमझी से ही तलाक हो रहे हैं। गलती करके उसे न मानना किसी बड़े अपराध से कम नहीं है। क्योंकि इससे ही पति-पत्नी के वैवाहिक जीवन में कलह का बीजारोपण होता है। गलती हो जाने पर क्षमा मांग लेने अथवा कबूल कर लेने से व्यक्ति का व्यक्तित्व और अधिक प्रभावशाली हो जाता है।

संबंधों में माधुर्य के लिए यह जरूरी है कि आप स्वयं को अपने जीवन साथी से बड़ा न समझें तथा उससे समायोजन करने की कोशिश करें। आपसी समझ तथा विचार विनिमय जितना ही अधिक होगा, पति-पत्नी में प्रेम के भाव उतने ही ज्यादा होंगे तथा एक-दूसरे पर न्यौछावर होते रहेंगे।

दिनभर के कामकाज की थकान के बाद पति जब शाम को थका-हारा घर आता है, तो वह आराम तथा पत्नी का सामीप्य पाना चाहता है। अनेक पत्नियां घर आते ही पति पर सारे दिन की भड़ास निकाल डालती हैं। ऐसे व्यवहार से पति न केवल आहत होता है, अपितु तनावग्रस्त भी हो जाता है। अतएव पत्नी को अपने पति के साथ ऐसा व्यवहार नहीं करना चाहिए कि पति की भावनाएं आहत हों और घर में कलह-क्लेश का श्रीगणेश हो जाए।

पत्नी को पति की भावनाओं का ख्याल करके इस बाबत धैर्य व शालीनता का व्यवहार करना चाहिए, ताकि पति को भूलकर भी ऐसा प्रतीत न हो कि पत्नी उसकी अनदेखी कर रही है, कमियां उभार रही है अथवा उसे अपने से नीचा समझ रही है।

काम के बाद घर लौटे पति को पूरा समय व ध्यान दें। पति के प्रति लापरवाही बरतना, व्यस्तता का बहाना ओढ़ना भूल है। पति को गर्मागर्म चाय-नाश्ते के साथ मीठी-मीठी बातें व मुस्कान भी दें तथा उनकी जरूरतों को प्राथमिकता दें।

इस तथ्य को समझें कि पति को संतुष्ट करने वाली पत्नी ही स्वयं सुखी व संतुष्ट रह पाती है। पति की मौलिक चाहत का सम्मान तथा उन्हें त प्त करना

पत्नी का दायित्व है। इसे सुखी दांपत्य का मर्म समझें। अन्यथा दांपत्य के सुनहरे आकाश पर दुखों व तनाव के बादल घिरते देर नहीं लगेगी।

## यह भी ध्यान रखें
### (Keep this in Mind)

● किसी भी पक्ष को अपने जीवन साथी की आलोचना किसी अन्य व्यक्ति से नहीं करनी चाहिए। अन्यथा दूसरे व्यक्ति उससे अनुचित लाभ उठा सकते हैं। जो भी बात हो, उसका निराकरण परस्पर विचार-विमर्श से ही करें।

● घरेलू कार्यों के लिए केवल पत्नी ही जिम्मेदार नहीं है। यदि बच्चे हैं, तो पत्नी को उसके कार्यों में मदद करें। यहां सहयोग का तात्पर्य यह नहीं है कि आप घरेलू कार्य करें, वरन् आप अपना काम स्वयं कर लें। हर कार्य के लिए पत्नी पर निर्भर रहना उचित नहीं।

● पति-पत्नी को चाहिए कि अपने कार्यालय में महिला सहकर्मी व पुरुष सहकर्मी से मर्यादित व संयमित भाषा में ही व्यवहार करें। ज्यादा हंसी-मजाक, एक दूजे के प्रति संदेह को जन्म देता है। अतः इससे सतर्क रहें।

● जिन घरों में दांपत्य जीवन प्रेमपूर्ण है, वे ही 'घर' हैं वर्ना मिट्टी, ईंट, सीमेंट से बने मकान।

● जिन परिवारों में परस्पर विश्वास के दीपक जलते हैं, उन घरों से दुर्भाग्य दूर भागता है।

अध्याय 13

# महत्वपूर्ण अवसरों को याद रखिए
## (REMEMBER IMPORTANT OCCASIONS)

*विवाह के मंत्र कर्तव्यबुद्धि दे सकते हैं, भक्ति दे सकते हैं, किंतु माधुर्य देने की शक्ति उनमें नहीं है। यह शक्ति केवल प्रकृति के दिए नियम के पालन में है।*

—शरतचंद्र चट्टोपाध्याय

किसी व्यक्ति को प्यार करना और उससे जुड़ी तमाम चीजों की सार-संभाल करना एक ही सिक्के के दो पहलू हैं। मनोवैज्ञानिकों का कहना है कि मनुष्य की यह स्वभावगत विशेषता है कि वह छोटी-छोटी चीजों से प्रभावित होता है। अतः हम अपने से गहरे जुड़े लोगों का ख्याल रखें तथा उनसे जुड़ी तमाम चीजों, महत्वपूर्ण मौकों को कभी भी न भूलें।

## उपहारों का चमत्कार (Miracle of Gifts)

हमें अपने नजदीकी लोगों के महत्वपूर्ण मौकों को याद रखना चाहिए। जब किसी दिन विशेष पर आप किसी अजीज को कोई तोहफा या मुबारकबाद देते हैं, तो उसका हृदय आपके प्रति असीम स्नेह से भर जाता है। चंद शब्दों में व्यक्त की गई आपकी बधाई अथवा मामूली रकम से खरीदा गया आपका उपहार मनोवैज्ञानिक रूप से अमूल्य साबित होता है।

अपने मित्रों, रिश्तेदारों, परिचितों के महत्वपूर्ण दिनों को याद करना वास्तव में एक जटिल कार्य है। इसके लिए आप एनवर्सरी 'बुक' अथवा किसी

छोटी डायरी की मदद ले सकते हैं। वैसे आजकल बाजार में जितनी भी डायरियां आ रही हैं, उनमें इस तरह के कालम होते हैं, जहां सूचनाएं अथवा खास तिथियों को दर्ज करके रख सकते हैं।

दुकान, प्रतिष्ठान के शुरू करने की तिथि, नौकरी ज्वाइन करने की तारीख, जन्म दिन, शादी की सालगिरह, बच्चों के जन्म दिन, शादी होने की तिथि आदि अन्य महत्वपूर्ण तिथियों के अलावा होली, दीवाली, क्रिसमस, ईद तथा बैशाखी आदि पर भी बधाइयां भेजी जा सकती हैं।

ध्यान रखिए कि सामने वाला कभी भी आपके उपहार की कीमत अथवा उसकी ब्रांड से प्रभावित नहीं होता। वह यह देखता है कि देने वाले की भावनाएं कैसी हैं। किसी पर रोब जमाने अथवा उसको नीचा दिखाने के लिए दिया गया उपहार द्वेष व ईर्ष्या को जन्म देता है। इससे संबंध सुधरने की बजाय और भी बिगड़ जाते हैं।

# उपहारों का चुनाव कैसे करें? (How to Select Gifts)

बहुत से लोग इस तथ्य को नहीं जानते कि किस मौके पर कैसा उपहार दिया जाए, अतः इसमें सावधानी रखें। इसके लिए प्रथमतः यह सोचें कि आप जिसके लिए उपहार देने जा रहे हैं, उसके लिए वह कितना महत्व रखता है।

बेहतर तो यह है कि जब भी आप कहीं दूर स्थान की यात्रा या विदेश में घूमने जाएं, अपने मिलने-जुलने वालों का मन टटोलें। उससे आपको जानकारी मिल जाएगी कि अमुक व्यक्ति को कौन सी चीज सबसे अधिक पसंद है। अन्यथा उपहार कितना भी महंगा क्यों न हो, उसकी उपयोगिता उतनी नहीं रह जाती है, जितनी होनी चाहिए थी।

## यह भी ध्यान रखें
### (Keep this in Mind)

- किसी को उपहार देने के बाद जगह-जगह उसका ढिंढोरा न पीटते फिरें।

- दिए गए उपहार अथवा संदेश का कभी ताना न दें।

- दूसरों को देने की बात को ही सोचें, यह अपेक्षा न करें कि बदले में वह भी आपको कोई चीज क्यों नहीं देता?

अध्याय 14

# तानों-उलाहनों से बचें
# (AVOID TAUNTS-COMPLAINTS)

> *किसी को मारना हो, तो तीर की जगह ताना मारो।*
>
> —कार्लाइल

हम किसी के लिए कितना कुछ भी क्यों न कर दें, यदि उसके लिए ताने-उलाहने देते हैं, तो उसका कोई महत्व नहीं रह जाता। ऐसे लोग यह नहीं जानते हैं कि सहज बुद्धि से दिया गया ताना भी कभी किसी को प्रिय नहीं लगता। यह हमारे मानसिक विद्वेष का परिचय देता है। व्यवहार कुशल लोगों को ताने-उलाहने देना शोभा नहीं देता।

## तानों-उलाहनों का आरकेस्ट्रा
### (Orchestra of T aunts-Complaints)

जिन परिवारों में हर समय तानों-उलाहनों का संगीत बजता रहता है, वहां सुख-सम द्धि के दर्शन नहीं होते। बहुत से परिवार महज इस वजह से प्रगति की दौड़ में पिछड़ जाते हैं कि उनके घर में हर समय चख-चख और उलाहनों की कर्कश धुनें बजती रहती हैं।

यह सर्वमान्य तथ्य है कि कर्जा, धन का अभाव, फिजूलखर्ची, बीमारी, घर का कुप्रबंध, शरारती बाल-गोपाल, यहां तक कि छोटी-मोटी बेवफाई भी उतना कलह-क्लेश पैदा नहीं करती, जितना कि बीबी की चौबीसों घंटे चलने वाली जबान पैदा कर देती है।

अमेरिका में मनोवैज्ञानिकों ने हजारों दंपतियों पर किए गए एक सर्वेक्षण में यह स्पष्ट किया है कि पारिवारिक क्लेशों की सूची में पत्नियों द्वारा उलाहने दिया जाना सर्वोपरि रहा है। इस संदर्भ में यह उल्लेखनीय है कि पत्नियों ने अपनी सूची में क्लेश के जिस कारण को सबसे ऊपर रखा, वह था पति का किसी दूसरी स्त्री से संबंध।

## ये भी नहीं बच सके (Even These Didn't Escape)!

हजारों वर्षों से दुनिया के जाने-माने लोग अपनी पत्नियों के प्रकोप के शिकार हुए हैं:

**सुकरात :** यूनान का प्रख्यात दार्शनिक सुकरात एथेंस में व क्षों के नीचे अपनी पत्नी के उलाहनों-तानों से बचने के लिए आकर बैठा करता था।

**सीजर :** रोम के सम्राट आगस्टस सीजर ने अपनी दूसरी बीबी स्क्रिबोमिया को मात्र इसलिए तलाक दे दिया था कि वह उसकी कैंची-सी चलती जुबान से तंग आ गया था।

**नेपोलियन :** फ्रांस के बादशाह नेपोलियन त तीय, अपनी पत्नी के उलाहनों-तानों से आहत होने के बाद कई वक्त तक खाना नहीं खाते थे।

**अब्राहम लिंकन :** अमेरिका के पूर्व राष्ट्रपति अब्राहम लिंकन को भी पत्नी के खौफ का शिकार होना पड़ता था।

**राजा दशरथ :** राजा दशरथ अपनी चौथी रानी कैकेयी के कोपभवन में उसके तानों का सामना नहीं कर सके थे। कैकेयी की इच्छा के अनुसार उन्होंने उनके पुत्र भरत को राजगद्दी तथा बड़े पुत्र रामचंद्र को बनवास का आदेश दिया।

**टालस्टॉय :** रूस के महान् लेखक व दार्शनिक टालस्टॉय के बारे में यह बात प्रसिद्ध है कि जब वह घर से भागकर एक दूरस्थ रेलवे स्टेशन पर मरने के लिए गए और अंतिम इच्छा पूछने पर बताया कि मेरा दम निकलने से पहले मेरी पत्नी को मेरी मौत की खबर न की जाए।

**मिर्जा गालिब :** उर्दू के महान् शायर हजरत मिर्जा गालिब जीवनभर अपनी बेगम के उलाहने सुन-सुन कर दुख और निराशा भरे कलाम लिखते रहे।

इस प्रकार से अनेक उदाहरण भरे पड़े हैं, जो पत्नियों की कैंचीनुमा जबान को बयां करते हैं, परंतु वहीं ऐसे उदाहरण भी कम नहीं हैं, जब पत्नियों के सहयोग से कुछ पति आगे बढ़े हैं।

## उलाहनों के रूप (Kinds of Complaints)

पत्नी द्वारा दिए जाने वाले उलाहनों में सर्वाधिक कष्टप्रद तथा घातक रूप तब देखने को मिलता है, जब पत्नी, पति की तुलना किसी और से करके उसे नीचा व हीन साबित करने का यत्न करती है। यथाः

आपको प्रमोशन भला क्यूं मिलेगा, आप कोई शर्मा जी तो हैं नहीं कि वर्ष में दो-दो इंक्रीमेंट व प्रमोशन ले लें।

आपके पास यदि मुझे घुमाने-फिराने या कहीं ले जाने का वक्त नहीं है, तो मुझसे शादी क्यूं की? मैं ही कर्मजली हूं, जो एक से बढ़िया एक रिश्ते को ठुकराकर आपसे शादी को हामी भर दी।

दरअसल इस प्रकार की बातों से सकारात्मक परिणाम नहीं मिलता, अपितु ये व्यंग्य बाण की तरह कार्य करते हैं।

मनोवैज्ञानिकों ने पत्नियों में ताने मारने, उलाहने देने इत्यादि के विविध कारण माने हैं। मसलनः

ज्यादा थकी हुई पत्नियां प्रायः तानों-उलाहनों के जरिए अपने मानसिक संताप को दूर करती हैं।

कई बार मन में छिपा पति के प्रति द्वेष या विरोध का भाव भी उलाहनों का कारण बनता है।

ससुराल या मायके से संबंधित समस्याएं भी इस आदत को बढ़ावा देती हैं।

यौन संबंधों में अत प्ति अथवा पति से अपेक्षित प्यार नहीं मिल पाने पर भी तानों-उलाहनों की आदत बन जाती है।

ऐसा नहीं कि केवल पत्नियां या महिलाएं ही ताने-उलाहने देती हैं, बल्कि पुरुष भी इस कार्य में पीछे नहीं। जैसेः

"कुट्टी को देखो, कितना कुछ अशेष का ख्याल रखती है, खुद भी बन-संवर कर रहती है...एक तुम हो कि बस, साथ चलने में शर्म महसूस होती है... ।"

अथवा

"मुझसे तुम कितना उम्मीद करती हो? पड़ोस वाली दीपा को क्यों नहीं देखती कि मायके से सारे सामान लाकर घर भर दिया... और एक तुम हो कि एक प्रेशर कुकर तक नहीं ला सकी... ।"

इसके लिए आवश्यक है कि तानों से बचा जाए, तभी घर-ग हस्थी की गाड़ी बखूबी आगे बढ़ेगी ।

# काबू पाने के कुछ महत्वपूर्ण टिप्स
## (Some Important Tips to Overcome Complaints)

घर-परिवार की खुशहाली के लिए पति व पत्नी दोनों को ध्यान देना होगा । इसके लिए निम्न उपायों को यदि अमल में लाएं, तो काफी हद तक राहत पा सकते हैं :

- बात-बात पर भड़कने या पैर पटकने के बजाय, शांत चित्त व सहानुभूतिपूर्वक विचार करें तथा सौम्यता के साथ अपनी बात कहें ।

- इस मामले में परिवार के सदस्यों का सहयोग प्राप्त कीजिए, उनके प्रति इज्जत का भाव रखिए, इससे अनावश्यक व चुभने वाली बात मुंह से नहीं निकलेगी ।

- यदि ये लगे कि आपके द्वारा कहा गया कार्य एक बार कहने से नहीं किया गया, तब आप समझ लें कि यह काम नहीं होगा । तब उस काम को या तो आप स्वयं कर लें अथवा उसके न होने से जो नुकसान होने वाला है, उसे सहने की क्षमता विकसित करें ।

- प्रेम व नरमी को अपना मिजाज बनाइए ।

- बात-बात पर अपने मायके की प्रशंसा और ससुराल की बुराई करते रहने से कोई भी पति कुंठित हुए बिना नहीं रह सकता । पत्नी को चाहिए कि वह "जैसी है जहां है" के आधार पर सच्चे मन से स्थितियों को स्वीकारने, सुधारने का प्रयत्न करे ।

- कुछ स्त्रियां दूसरों के बहकावे में आकर पतियों से अशिष्ट व्यवहार करती हैं और उनकी भावनाओं को ठेस पहुंचाकर दूसरों के सामने अपमानित करने से भी नहीं चूकतीं। इससे पति टूट कर अधिकांश समय घर से बाहर बिताने लगते हैं।

- शिकायतें तो कीजिए, मगर शांत भाव से। जिन बातों से आप चिढ़ती हैं, उलाहने देती हैं, उन्हें एक कागज पर लिखती जाएं तथा एक-एक में सुधार करके उन्हें काटती जाएं। थोड़े ही दिन में आप देखेंगी कि आपकी अनेक समस्याओं का निवारण हो गया है।

- क्या उलाहनों का कोई विकल्प नहीं – ऐसा नहीं है कि उलाहनों या तानों से ही किसी में सुधार लाया जा सकता है, वरन् प्रेम का पाठ एक ऐसा मूल मंत्र है, जिससे सारे कार्य सिद्ध किए जा सकते हैं।

- यह भी ध्यान रखें कि जब ताने हमें अच्छे नहीं लगते, तो दूसरे से कैसे उम्मीद कर सकते हैं कि वह इन्हें सहन करेगा।

## यह भी ध्यान रखें
### (Keep this in Mind)

- सदैव हंसमुख रहकर व्यवहार करें। यदि भीतर कोई घुटन भी है, तो एक-दूसरे के समक्ष आदान-प्रदान कर गलतफहमियों का निराकरण कर दें।

- जाने-अनजाने कोई भूल भी हो जाए, तो उसे अनदेखा कर देना चाहिए। भूल होना मानवीय स्वभाव है।

- किसी के अच्छे कार्यों की सराहना कीजिए। इच्छा के विपरीत कृत्य पर उबलिए मत। चुप रहना भी स्वयं में कई समस्याओं का उपचार है।

- जली-कटी बातें भी हमारे लिए विष का कार्य करती हैं।

- जितनी जरूरत हो उतना बोलिए।

अध्याय 15

# चुगलखोरी बुरी बला
## (BACKBITING IS EVIL)

> ***यदि मीठी बोली बोलने से सारे अवरोधों का शमन होता है तथा विश्वबंधुत्व व आपसी सौहार्द बढ़ता है, तो बिना कुछ खर्च किए इसे बोलने में कंजूसी क्यों करें?***
>
> **—नीतिवचन**

चुगलखोरी व चापलूसी हमारे व्यक्तित्व की बड़ी खामियों में से हैं। व्यक्ति इन व त्तियों में रुचि तो लेता है, परंतु ऐसे लोगों को अपने विश्वासपात्रों की श्रेणी में कभी भी नहीं रखता, फलस्वरूप व्यक्ति की हालत 'न घर का, न घाट का' सरीखी होती है।

## चुगली न करें (Never Indulge in Backbiting)

दूसरों की नजरों में चढ़ने अथवा अपना उल्लू साधने की इच्छा से इधर की बात उधर करके, 'राई' को पहाड़ बताकर, तो कई बार बे-सिर-पैर की बातों को नमक-मिर्च की छौंक से चटपटे बनाकर परोसने वालों की कमी नहीं।

साधारणतया वाणी पर संयम रखने वाले लोग शीघ्र ही सबके दिलों में अपना स्थान बना लेते हैं, जबकि चुगलबाजी करने वालों से सभी लोग परहेज करते हैं। पहली तरह के लोगों को समाज ग्रहण करता है, जबकि दूसरी श्रेणी के लोगों को कड़वे नीम की तरह थूक दिया जाता है। कोयल तथा

कौवा रंग-रूप में समान होने के बावजूद अपनी-अपनी अलग महत्ता रखते हैं।

हम वाणी पर नियंत्रण नहीं रख पाने के कारण शीघ्र ही विवाद के शिकार होकर रह जाते हैं। विदुर नीति में कहा है, ''जहां दूसरों की निंदा हो रही हो, वहां से तुम चलते बनो, एक दिन वहां तुम्हारी भी निंदा होगी''।

अतः ध्यान रखें, इधर की बात उधर करने की आदत, एक दिन आपको सभी की नजरों से गिरा देगी।

## कम खाना, गम खाना (Eat Less and Tolerate More)

मनुष्य की ज्ञानेंद्रियों में जीभ एक ऐसी ज्ञानेंद्रिय है, जिससे सामान्यतः हम दो काम संपन्न करते हैं : **1**. बोलना, **2**. स्वाद लेना।

जीभ की यह विशेषता है कि यह दोनों कार्य करती रहती है। अनियंत्रित भोजन तथा अनियंत्रित वचन दोनों ही व्यक्ति के लिए कष्टों के हेतु हैं। तभी तो यह कहावत बेहद प्रचालित है, – कम खाना और गम खाना। शायद यही वजह है कि प्रत्येक धर्म, मत तथा संप्रदाय में 'मौन' को विशेष महत्व दिया गया है।

विचारक जे. कृष्णमूर्ति ने अपनी पुस्तक 'एट द फीट ऑफ द मास्टर' में स्पष्ट किया है, 'एट द फीट ऑफ द मास्टर**'** अर्थात् बोलने की इच्छा करो, बोलने की हिम्मत करो, परन्तु अंततः चुप हो जाओ।

बिना सोचे, बिना विचारे कहे गए शब्द और विशेषकर जब वे चुगली के रूप में हों, सदैव व्यक्ति के पतन का कारण बनते हैं। किसी भी बात को कहने से पूर्व हमें स्वयं से ये चार सवाल करने चाहिए :

**1**. क्या कही जाने वाली बात सच है?

**2**. क्या यह सुनने वाले के लिए प्रिय है?

**3**. क्या इस बात से किसी का अहित हो सकता है?

**4**. क्या इसको कहना सबसे जरूरी है?

उपर्युक्त प्रश्नों को विवेकपूर्ण मनन् करने के बाद जब आप अपने विचार व्यक्त करना चाहेंगे, तो निःसंदेह चुगलखोरी से अछूते रहेंगे। इतना ही नहीं, चापलूस भी नहीं कहलाएंगे।

## यह भी ध्यान रखें
### (Keep this in Mind)

- मुंह से निकली बात और कमान से निकला तीर कभी वापस नहीं आते।

- किसी भी व्यक्ति के पीठ पीछे, उसकी निंदा नहीं करनी चाहिए।

- बातचीत के दौरान अगर-मगर कहकर बातें करने वाले लोगों से सावधान रहें।

- किसी का अनादर करना वास्तव में उसका नहीं, खुद अपना अनादर है।

- किसी को नीचा दिखाने से हम कभी भी ऊंचा नहीं उठ सकते।

अध्याय 16

# उधार न लें
## (NEVER BORROW)

> *अपनी औसत आय-व्यय का संतुलन रखना ही श्रेष्ठ अर्थनीति है।*
>
> —कौटिल्य

कुछ लोगों की आदत होती है कि वे बात-बात में पैसे तथा चीजों को उधार मांगने से नहीं चूकते। यह एक अच्छी आदत नहीं। उधार लेने वाला कभी अपनी पसंद नहीं देखता। दूसरे, उधार में ली गई वस्तु की गुणवत्ता को मापने का हम साहस नहीं जुटा पाते। स्वाभिमान को गिरवी रखकर उधार लेने का शगल पाले रखने वाले, जीवन में कभी अच्छे व्यक्तित्व की ऊंचाइयां नहीं छू सकते। दूसरों के सम्मुख सदैव हाथ पसारे खड़े रहने वाले लोग अकसर सफलता से वंचित रहते हैं, घर-परिवार या संपर्क के सभी लोग उससे कटते चले जाते हैं।

### मितव्ययिता सबसे बड़ी कुशलता
**(Frugality is the Greatest Virtue)**

प्रत्येक मनुष्य अपनी जरूरत और सामर्थ्य के अनुसार क्रय-विक्रय करता है। क्रय (खरीदारी) के लिए धन की आवश्यकता होती है। यह धन नाना उपायों से उपार्जित किया जाता है, परंतु मितव्ययिता की कुशलता के अभाव में उपार्जित धन ठहर नहीं पाता है, ऐसी दशा में घर-परिवार की गाड़ी खींचना कठिन हो जाता है। उपार्जित धन में से उचित जरूरतों का

निष्पादन करते हुए हम आगे के लिए भी कुछ रखें, इसी का नाम मितव्ययिता है। डॉक्टर जॉनसन कहा करते थे, "ईमानदारी, स्वतंत्रता और आराम के माता-पिता मितव्ययिता हैं।" आवश्यकताएं कम रखना और उनकी स्वयं पूर्ति करना श्रेष्ठ जीवन जीना है। अपने व्यक्तिगत जीवन में मितव्ययिता से काम लेने में उतनी ही बुद्धि खर्च करनी पड़ती है, जितनी एक साम्राज्य को स्थापित रखने में की जाती है।

जर्मनी में एक मशहूर कहावत है कि "ऋणी होकर प्रातःकाल उठने की अपेक्षा रात को भूखे सो जाना कहीं ज्यादा अच्छा है।" ऋणी हो जाना आसान है, परंतु उस ऋण से मुक्त होना बेहद कठिन है।

जान मरे नामक एक धनवान पुरुष के पास तीन स्त्रियां किसी सार्वजनिक कार्य के लिए चंदा लेने गईं। जान मरे उस वक्त कुछ लिखने का कार्य कर रहे थे। उन्होंने लिखने का कार्य बंद करते ही, जिन दो मोमबत्तियों के प्रकाश में वह लिख रहे थे, उनमें से एक बुझा दी। स्त्रियों ने आपस में खुसर-फुसर की, मोमबत्ती की किफायत करने वाला क्या चंदा देगा? परंतु जान मरे ने महिलाओं से बात करने के बाद उन्हें **20** पौंड चंदे में दिया। स्त्रियां आश्चर्यचकित रह गईं। इस पर जान मरे का जवाब था, "बातें करने के लिए एक बत्ती का प्रकाश काफी था और लिखने के लिए दो बत्तियों के प्रकाश की आवश्यकता थी। यदि बात करते वक्त भी मैं दोनों मोमबत्तियां जलाए रखता, तो **20** पौंड की रकम चंदे के रूप में नहीं दे सकता था।" अतः मितव्ययिता के चमत्कार से एक साधारण-सा व्यक्ति भी इस तरह की दानशीलता का प्रदर्शन कर सकता है।

शेक्सपियर ने कहा है कि एक व्यक्ति को जितने वस्त्रों की आवश्यकता होती है, उससे कहीं ज्यादा वस्त्र वह केवल फैशन के लिए, दिखाने के लिए बनवाता है। जब तक साधारण आय से हमारी भोग-विलास की अनावश्यक कामना त प्त नहीं होती, तब तक हम उधार लेते रहते हैं। जिस दिन हम उधार लेना शुरू करते हैं, उसी दिन हमारी अवनति का सूत्रपात हो जाता है।

## मितव्ययिता का अर्थ कंजूसी नहीं

### (Frugality is not Miserliness)

यह सच है कि व्यर्थ व्यय को रोके बिना घर-परिवार में सुख-सम द्धि नहीं आ सकती, परंतु मितव्ययिता तथा कृपणता में भेद है। बचत का तात्पर्य

'कंजूस–मक्खीचूस' होना नहीं। मितव्ययिता का अभिप्राय इस बात से है कि हमारी उचित जरूरतों की पूर्ति के बाद जो धन बचे, उसे व्यर्थ के तथा अनाप-शनाप के खर्चों से बचाया जाए, ताकि कभी संकट के वक्त जरूरत पड़ने पर इस धन का सदुपयोग किया जा सके।

दूसरी ओर धन के पिपासु होकर अथवा निन्यानबे के फेर में फंसकर, हर तरह का दुख भोगकर पैसे को इकट्ठा करना कंजूसी है। मितव्ययिता से लाभ होता है, जबकि कंजूसी अनेक दुखों की जड़ है।

---

एक बार एक धनी सज्जन रामकृष्ण परमहंस के पास गए। वहां उन्होंने परमहंस जी को धन देने का विनम्र आग्रह किया, 'महाराज, इस धनराशि को आप स्वीकार करें। इसे परोपकार के कार्यों में लगा दीजिएगा। परमहंस मुस्कराए और बोले, ''भाई, मैं तुम्हारा धन ले लूंगा, तो मेरा चित्त उसी में लगा रहेगा, इससे मेरी मानसिक शांति भंग होगी।''

धनिक ने तर्क दिया, ''महाराज, आप तो परमहंस हैं, जो कामिनी-कंचन के महासमुद्र में स्थित होकर भी सदैव उससे अलग रहेंगे।''

परमहंस गंभीर होकर बोले, ''भाई। क्या तुम्हें ज्ञात नहीं कि अच्छे से अच्छा तेल भी यदि बहुत दिनों तक पानी के संपर्क में रहे, तो वह भी अशुद्ध हो जाता है तथा उसमें से भी दुर्गंध आने लगती है।''

धनी को बोध हुआ और उसने अपना आग्रह छोड़ दिया।

---

## घरेलू बजट बनाइए (Make Domestic Budget)

बहुत से लोग बिना किसी योजना के धन को उड़ाते रहते हैं, लेकिन घरेलू बजट का निर्धारण करके अपने खर्चों का संतुलन बनाए रखने वाले लोग अधिक सुखी एवं सम द्ध होते हैं।

पारिवारिक बजट का अभिप्राय उन खर्चों का पूर्वानुमान है, जो हमें करने होते हैं। यह महीनेवार तथा सालाना तौर पर खर्च होने वाली रकम की एक

सूची है। यह सूची आपको धन का व्यय बुद्धिमत्तापूर्वक करने का मार्ग सुझाएगी।

पारिवारिक बजट बनाना कोई मुश्किल काम नहीं है। आपको अपनी आय और खर्चों को जानना है, तो प्रत्येक संभव खर्चे को लिख लीजिए। मसलन मकान, दुकान का किराया, घरेलू खान-पान की चीजें, बिजली, दूध, अखबार तथा टेलीफोन का बिल, ईंधन, कपड़े तथा आकस्मिक खर्च। सबसे बाद में बचत का कॉलम बनाइए।

### पारिवारिक बजट (रु. 10,000 मासिक आय के आधार पर)

| क्रम सं. | खर्चों का विवरण | खर्च | बचत |
|---|---|---|---|
| 1. | मकान भाड़ा | 2000.00 | |
| 2. | बिजली, पानी, टेलीफोन के बिल, अखबार आदि | 700.00 | |
| 3. | राशन | 1300.00 | |
| 4. | सब्जी, फल, गैस, नमकीन, बिस्कुट आदि | 800.00 | |
| 5. | बच्चों की फीस, पुस्तकें एवं पढ़ाई संबंधी अन्य खर्चे | 1000.00 | |
| 6. | एल.आइ.सी./बीमा की प्रीमियम (किस्त) | 500.00 | |
| 7. | नए कपड़ों, जूते-चप्पलों की खरीद | 700.00 | |
| 8. | साबुन, तेल, कास्मेटिक्स आदि | 250.00 | |
| 9. | पति-पत्नी के जेब खर्च | 600.00 | |
| 10. | स्कूटर/मोटर साइकिल मेंटेनेंस, पेट्रोल आदि | 500.00 | |
| 11. | स्वास्थ्य (दवाएं आदि) | 250.00 | |
| 12. | दूध | 500.00 | |
| 13. | मनोरंजन | 200.00 | |
| 14. | आकस्मिक व अन्य खर्चे | 300.00 | |
| | कुल खर्च | 9,600.00 | 400.00 |

प्रत्येक मद में पिछले साल आपने कितनी रकम खर्च की इसका पता लगाइए। इससे आपको आने वाले वर्ष के बजट निर्धारण में सहायता मिलेगी। बजट बनाते समय निम्न बिंदुओं को ध्यान में अवश्य रखें :

- अपने समस्त विवरण सरलतम तरीके से तैयार करें।

- बजट बनाते समय पारिवारिक सदस्यों, पत्नी, मां, बाप, भाई, बहनों से चर्चा कर लें।

- बजट का उद्देश्य खुद को अनुचित दंड देना नहीं है।

- विशेष परिस्थितियों के अलावा कभी भी निर्धारित बजट में फेरबदल मत कीजिए।

- बजट को लचीला बनाइए, वह इतना कठोर नहीं हो कि एक भी पैसा बिना हिसाब-किताब, लिखा-पढ़ी के खर्च न हो।

उपर्युक्त तरीके से घर के खर्चों का हिसाब रखने से आपकी आर्थिक कारणों से पैदा होने वाली अनेक समस्याओं का भी स्वतः ही निपटारा हो जाएगा। तब आप अपने उद्देश्यों, संकल्पों व सपनों को सुगमतापूर्वक साकार करने में सक्षम होंगे।

## यह भी ध्यान रखें
### (Keep this in Mind)

- किसी के सामने हाथ पसारने से मांगने वाले की आत्मा और जमीर, दोनों मर जाते हैं।

- किसी व्यक्ति से याचना के लिए मुंह खोलने की अपेक्षा मन की इच्छाओं को रोकना श्रेयस्कर रहता है।

- आवश्यकताओं को बढ़ाने की अपेक्षा उनका मूल्यांकन करें। तब यदि कोई चीज अत्यंत आवश्यक लगे, तो उसे पाने का प्रयास करें।

- धन से कृपणता पर विजय प्राप्त करो, शांति से क्रोध पर विजय प्राप्त करो, सत्य से असत्य पर विजय प्राप्त करो। यही सन्मार्ग है।

- उधार करने वाला मात्रा में कम व कीमत में महंगा सामान घर लाता है।

अध्याय 17

# बच्चों की अनदेखी न करें

## (DON'T NEGLECT THE CHILDREN)

*सत्य भाषण, बड़ों का आदर, नम्रता, दया, लज्जा, प्रेम इत्यादि का बीज बच्चों में स्वभाव से ही होता है और यदि उन्हें भय दिखाकर साधारण बातों पर झूठ बोलने को लाचार न किया जाए, उनसे निकम्मी ठिठोलियां न की जाएं, उन्हें शासन से किंतु प्रेमपूर्वक रखा जाए, उन्हें रोगियों की सेवा, अनाथों से प्रेम, दरिद्रों की सहायता की ओर प्रव त्त कराया जाए, तो प्रत्येक बालक एक महान् पुरुष बन सकता है।*

—चतुरसेन शास्त्री

आज हमारे पास सबके लिए तो समय है, मगर बच्चों के लिए नहीं। जिंदगी में बढ़ती भागदौड़, संयुक्त परिवारों का क्षरण तथा घर में मौजूद व्यस्तताओं से बचपन प्रभावित हुआ है। इसलिए संपूर्ण सुख-शांति के लिए हमें बच्चों के मनोविज्ञान को स्वीकृति देनी होगी, उनकी परवाह करनी होगी, ताकि बड़े होकर वे एक व्यवहार कुशल व सफल व्यक्ति साबित हों।

### पहली पाठशाला घर (Family is the First School)

अब बड़े व संयुक्त परिवारों की जगह छोटे व लघु परिवारों ने ले ली है। परिवारों के छोटे होने से जहां कई रिश्ते प्रायः खत्म हो गए हैं, वहीं बहुत से रिश्तों में परिवर्तन भी आ गया है। अब परिवार का मतलब है, मम्मी-पापा

और बच्चे। आज बच्चों की परवाह और सही परवरिश की जरूरत पैदा हो गई है। उन पर देखरेख के, मार्गदर्शन के, प्यार-स्नेह के अनेक सेतु आज स्वार्थ की गंगा में डूब चुके हैं।

बचपन आदमी के व्यक्तित्व की नींव की पहली ईंट है। इसी ईंट पर ईंट दर ईंट रखने से व्यक्ति के जीवन की शानदार इमारत खड़ी होती है। नींव जितनी मजबूत होगी, इमारत उतनी ही खूबसूरत व मजबूत होगी। बच्चे के विकास का समूचा क्रम घर से ही शुरू होता है।

बच्चे बेहद संवेदनशील होते हैं। समाज में बहुत कम लोग ऐसे हैं, जो बच्चों के मनोविज्ञान को समझते हुए उनसे वैसा व्यवहार करते हैं। यहां यह तथ्य समझ लेना जरूरी है कि बच्चों का मन कच्ची मिट्टी की भांति होता है। उस पर बाल्यावस्था में जो छाप अंकित हो जाती है, वह जीवनभर नहीं मिटती। अब तो मनोवैज्ञानिक भी इस बात पर सहमत हैं कि आठ वर्ष तक बच्चे में जो आदतें पैदा होती हैं, उनकी **90** फीसदी आदतें शेष जीवनभर व्यक्ति के साथ रहती हैं।

## बच्चों का स्वभाव समझें
### (Understand the Nature of Children)

बच्चों का स्वभाव 'नकलची' होता है। इसलिए दंपतियों को चाहिए कि वो जाने-अनजाने में ऐसा कोई कार्य न करें, जिसका बालमन पर प्रतिकूल प्रभाव पड़े। जन्म के कुछ समय बाद से ही बच्चा मूकदर्शक बन जाता है। वह लोगों को, जानवरों को, प्रकाश व अंधकार को समझने लगता है।

बच्चों पर बाल्यकाल से ही विशेष ध्यान देने की आवश्यकता है। इससे माता-पिता को बच्चों की रुचियों, स्वभावों में रुचि लेकर उसे जानने व समझने का प्रयास करना चाहिए।

कुछ माताएं बच्चे को जन्म देने के बाद अपने कर्तव्यों की इतिश्री समझ लेती हैं। इस कारण बच्चे को वे नर्सरी अथवा किसी शिशु विहार, बाल विहार जैसे स्थानों पर छोड़ देती हैं और यह समझतीं हैं कि बच्चे का विकास इन स्थानों पर समुचित हो सकेगा। यह कोरी नासमझी है, जबकि बच्चे को संस्कारवान तथा एक आदर्श नागरिक बनाने का दायित्व बच्चे को जन्म देने के प्रसव परिश्रम से कई गुना अधिक है।

# किशोरावस्था में मित्र बनें (Make Friends in Teenage)

किशोरावस्था में बच्चों को माता-पिता की ओर से काफी संयत, लेकिन अधिक मित्रतापूर्ण व्यवहार की अपेक्षा होती है। उम्र का यह वह नाजुक पड़ाव होता है, जब जरा-सी 'चूक' उनके जीवन भर के लिए 'भारी' साबित हो सकती है। इस अवस्था में स्कूल-कॉलेज के दोस्तों का उन्मुक्त व्यवहार, माता-पिता से छिपाकर काम करने का बेजा दबाव, विपरीत लिंग के प्रति आकर्षण बेहद स्वाभाविक प्रवत्तियां हैं। ऐसे में उनके साथ विश्वास व अपनत्व का रिश्ता कायम करें, ताकि उन्हें, कुछ 'छिपाने' या 'गलत' करने की जरूरत ही महसूस न हो सके।

वर्तमान पीढ़ी के बच्चे ताऊ, चाचा, बुआ, मामा, दादा, दादी, मौसी आदि रिश्तों से अनजान होते जा रहे हैं। इससे बच्चे सामाजिक पक्ष की जानकारियों से अछूते रह जाते हैं। इसके लिए माता-पिता को चाहिए कि वे बच्चों के इस अधूरेपन को भरें।

## यह भी ध्यान रखें
### (Keep this in Mind)

- बच्चों के लिए समय निकालें तथा उनके क्रियाकलापों पर क्रोधित होने तथा झल्लाने की बजाय संयम से समझाएं।

- उनकी समस्याओं, जरूरतों, परेशानियों को समझने तथा उन्हें हल करने की कोशिश करें।

- किशोर बच्चों के दोस्तों के बारे में जानें। बच्चों को अपने दोस्तों-सहेलियों को घर बुलाने और स्वस्थ मित्रता रखने के लिए प्रेरित करें।

- किशोरावस्था में होने वाले शारीरिक व मानसिक परिवर्तनों के विषय में बच्चों को स्वयं जानकारी दें।

- बच्चों को कुछ समय के लिए बच्चा ही बना रहने दें।

अध्याय 18

# चरित्र का ख्याल रखें

## (BE CAUTIOUS ABOUT YOUR CHARACTER)

*कोई भी व्यक्ति स्वप्न देख-देखकर चरित्रवान नहीं बन सकता। चरित्र का निर्माण तो अपने आपको गढ़-गढ़कर, ढाल-ढालकर करना होता है। कर्तव्य के प्रति निष्ठा, संयम और सदाचार के प्रति श्रद्धा, सत्य के प्रति प्रेम, ज्ञान के प्रति एक जिज्ञासा और मानवता के उत्कर्ष के प्रति द ढ़ आस्था ही महान् चरित्र निर्माण के मुख्य आधार हैं।*

—भगवती प्रसाद वाजपेयी

चरित्र व्यक्तित्व विकास की संजीवनी है। यह व्यक्तित्व के लिए जितना सशक्त आधार है, उतना ही नाजुक भी। चारित्रिक विशेषताओं के कारण ही दुनिया में अनेक लोग बुलंदियों को छू सके हैं। जबकि हर तरह से समर्थ राजा-महाराजाओं को चारित्रिक पतन के कारण विनाश व भयंकर तबाही का मुंह देखना पड़ा। रावण इसका प्रमुख उदाहरण है।

## चरित्र एक अमूल्य संपदा

### (Character is an Invaluable Wealth)

चरित्र मनुष्य जीवन की सर्वाधिक अमूल्य संपदा है। मानव जीवन की एक यही विशेषता उसे धरती पर मौजूद अन्य जीवधारियों से प थक करके विशिष्ट बनाती है। महात्मा गांधी का कहना था कि, "मनुष्य की महानता उसके कपड़ों से नहीं, अपितु उसके चरित्र से आंकी जाती है।"

प्रख्यात शायर दाग़ ने चरित्र की बाबत अपने विचार कुछ इस तरह से पेश किए :

*संभलकर जरा पांव रखिए जमीं पर,*
*अगर चाल बिगड़ी तो बिगड़ा चलन भी।*

हर्बर्ट स्पेंसर की मान्यता कि चरित्र दो वस्तुओं से मिलकर बनता है। आपकी विचारधारा और आपके समय बिताने के ढंग से। एक प्राचीन सूक्ति है :

*IF Wealth is lost, Nothing is Lost,*
*If Health is lost, Something is lost,*
*If Character is lost, Everything is lost.*

यदि आपकी धनसंपदा का क्षय हो जाता है, तो एक प्रकार से आपका कुछ भी क्षय नहीं होता। यदि आपका स्वास्थ्य नष्ट हो गया है, तो आपकी थोड़ी सी हानि हुई है। यदि आपका चरित्र नष्ट, भ्रष्ट हो गया, तो आपका सब कुछ बर्बाद हो गया।

सामान्यतौर पर चरित्र का अभिप्राय स्त्री-पुरुष विषयक संबंधों या यौन व्यवहार संबंधी कार्यकलापों से लगाया जाता है, परंतु यह तो आचरण का बेहद संकीर्ण रूप है। किसी भी व्यक्ति की आचरणगत् विशेषताएं वस्तुतः समस्त व्यक्तित्व को मनुष्य के समग्रशील स्वभाव को परिलक्षित करती हैं।

# पवित्र आचरण (Chaste Behaviour)

आचरण के मामले में पवित्रता बरतने वाले लोग मन, वचन एवं कर्म से श्रेष्ठता का ध्यान करते हैं। यानी, मन, वाणी और कर्म के समन्वित परिपालन से चरित्र की पवित्रता को बनाए रखा जा सकता है, क्योंकि यदि इनमें दुर्भावनाओं का समावेश होगा, तो इससे हमारे चरित्र पर प्रतिकूल प्रभाव पड़ेगा।

फिल्मों में बढ़ती हिंसा व सेक्स तथा उपग्रह चैनलों के अंधाधुंध विस्तार ने भारत जैसे देश की सामाजिक संरचना को गहरे अर्थों में प्रभावित किया है। इनके कार्यक्रमों में प्रदर्शित उन्मुक्त सेक्स, हिंसा, व्यभिचार, वर्जित संबंधों का प्रचलन, व्यसनों का महिमा मंडन युवा पीढ़ी हेतु नासूर सरीखे हैं।

## सर्वोत्कृष्ट बनने का यत्न कीजिए
### (Try to Become the Best)

धन संपदा के साथ-साथ प्रतिष्ठा व सम्मान अर्जित कर लेना व्यक्तित्व में चार चांद लगा लेना है। जीवन निकृष्टता का भाव नहीं, यह तो सर्वोत्कृष्टता की खुशबू है, जिसे चहुं ओर फैलाते चलना चाहिए। आपकी सफलता की सुबास, आपको अपने प्राणों की गहराई से ही आएगी।

किसी भी आलीशान इमारत की वास्तविक मजबूती ऊपरी छोर पर दिखने वाले खूबसूरत कंगूरे से नहीं है, वरन् वह सुद ढ़ भाग है, जो जमीन में नींव के रूप में गहरा धंसा है। मनुष्य के व्यक्तित्व का सशक्त आधार स्तंभ उसकी चारित्रिक सुद ढ़ता है। चरित्र बल से व्यक्ति के बहुत सारे दुर्गुणों पर पर्दा पड़ जाता है। इसी चरित्ररूपी धन को अन्य सभी धनों से श्रेष्ठ माना गया है।

यह भी देखा गया है कि कुशाग्रबुद्धि और प्रतिभाशाली होने के बावजूद चरित्रहीन विद्यार्थी कुछ ही वर्षों बाद अवनति करते हैं, जबकि सच्चरित्र विद्यार्थी, जो प्रतिभाहीन, सुस्त और मंद बुद्धि जैसे दिखाई देते हैं, अपने चरित्रबल से उन्नति को प्राप्त होते हैं और जीवन में बड़े पद तथा यश अर्जित करते हैं।

सुचरित्रता माणिक, मोती, हीरा, सोना, राजसिंहासन इत्यादि से भी महंगी है। जिसके पास इसकी दौलत है, वही सबसे अमीर है और इसे अर्जित करने में जो परिश्रम होता है, वह संसार का सर्वोत्तम परिश्रम है।


## हृदय की रश्मियां (Rays of Heart)

सच्चरित्रता, सहिष्णुता, सहानुभूति, उपकार, उदारता, कर्तव्यनिष्ठा, ईमानदारी, सत्यता ये सब हृदय की रश्मियां हैं, जो बाह्य जगत में फैलना चाहती हैं। इन्हें व्यक्तिगत मानो अथवा संयुक्त, परंतु संसार में ये सबसे ऊपर हैं, सर्वोत्कृष्ट हैं।

## यह भी ध्यान रखें
## (Keep this in Mind)

- प्रेम की पहली सीढ़ी विश्वास है।
- अपने ह्रदय की भावनाओं, क्षमा, दया और प्रेम से अपने चेहरे को जितना सुंदर बना सकते हो, उतना किसी अन्य उपचार से नहीं।
- आत्म-सम्मान, आत्मज्ञान, आत्मसंयम – ये तीनों व्यक्ति में पूर्ण शक्ति को प्राप्त कराते हैं।
- चरित्र कोई ऐसी वस्तु नहीं, जो शून्य अथवा एकांत में विकसित होती हो और सफलता कोई ऐसा फल नहीं, जो पेड़ पर लटकता हो अथवा मदारी के आम की तरह हाथ पर उगता हो।
- चरित्रवान होना सौ गुणों पर भारी है।

अध्याय 19

# व्यसनों से दूर रहें
## (KEEP OFF VICES)

*मनुष्य कितना ही बलवान तथा ज्ञानी हो, यदि वह आचरण में शुद्ध नहीं है, तो समाज के लिए उसकी उपस्थिति आशंका और भय की चीज है। आचरण की शुद्धता पहली चीज है, जिसकी सामाजिक जीवन में जरूरत पड़ती है। इसके लिए आत्मिक बल चाहिए, स्वावलंबन चाहिए।*

—वीरेंद्र वर्मा

व्यसन न केवल व्यक्ति की सफलता के लिए घातक हैं, अपितु बदनामी व अकुशलता के भी कारण हैं, जो मनुष्य सफलता अर्जित करना चाहता है अथवा यह चाहता है कि उसके निर्धारित लक्ष्यों की पूर्ति हो, उसे व्यसनों को अलविदा कहने के अलावा कोई चारा नहीं।

## सच्चे बनें, अच्छे बनें (Be Truthful, Be Good)

जीवन में उपलब्धियां या कामयाबी अर्जित करने का स्वप्न देखने वाले व्यक्तियों को चाहिए कि वे अच्छे बनें, अपने घर-परिवार, समाज के प्रति सच्चे बनें। इसके लिए सबसे उत्तम उपलब्धि अपनी व्यसन-वासनाओं पर अधिकार कर लेना है। जब तक हम अपनी वासनाओं को काबू में नहीं कर पाते, तब तक हम संपूर्ण मनुष्य कहलाने के अधिकारी नहीं। हम बाहरी शत्रुओं और विरोधियों को परास्त करने के लिए तो दिन-रात उपाय खोजते रहते हैं,

परंतु जो शत्रु हमारे भीतर ही बैठे हमारी जड़ें काटने में लगे हैं, उनकी ओर हमारा ध्यान तनिक भी नहीं जाता।

जीवन को सफल बनाने के लिए जितना स्वावलंबन आवश्यक है, उतना ही आत्मसंयम भी। मनुष्य की इंद्रियां उसे दिन-रात अपने-अपने विषयों की ओर खींचती रहती हैं। परंतु हमें चाहिए कि इंद्रियों के आगोश में लिपटने के बजाय हम विवेक का प्रयोग कर उनसे बचें।

व्यक्तियों में दो प्रकार की प्रव त्तियां दिखाई देती हैं। पहली, सच्चाई, भलाई और उन्नति की ओर उसे खींचती रहती है, जिनका केंद्र अंतःकरण होता है। दूसरी प्रव त्ति, पाशविक है, जिसका संबंध इंद्रियों से होता है। ये दोनों प्रव त्तियां परस्पर विरुद्ध होती हैं। जिस प्रव त्ति की प्रधानता हो जाती है, वही मनुष्य पर अपना आधिपत्य कायम कर लेती है, परंतु इससे दूसरी प्रव त्ति समाप्त नहीं हो जाती। यदि हम इंद्रियों के वशीभूत होकर बीड़ी, सिगरेट, शराब, गांजा, अफीम, परस्त्रीगमन आदि क्रियाओं में लिप्त हो जाते हैं, तो भी श्रेष्ठ प्रव त्तियों की अंतस् से बराबर पुकार उठती रहती है कि यह उचित नहीं है, इससे बचो।

## मादक द्रव्यों से बचें (Avoid Intoxicants)

मादक द्रव्यों में आज के युवाओं की गहरी दिलचस्पी होती जा रही है। इनके आकर्षक विज्ञापन युवा वर्ग को तेजी से आकर्षित कर रहे हैं। इतना ही नहीं, इनसे ही समाज के रहन-सहन के स्तर की गणना की जा रही है।

इसी अंधानुकरण की प्रव त्ति ने समाज को शराबखानों और वेश्यालयों की ओर उन्मुख कर दिया है, इसलिए ऐसे व्यसनों से बचें।

### यह भी ध्यान रखें
### (Keep this in Mind)

- पाप का पौधा मन में उपजता, मस्तिष्क में बढ़ता और शरीर में फलता-फूलता है।
- व्यसन व्यक्ति को नाकारा कर देता है।
- विलासी को कल का ध्यान नहीं होता।
- मनुष्य विकारों का पुतला है।
- हमारी आदतें हम पर हावी न हों।

## अन्त में....

हम आशा करते हैं कि प्रस्तुत पुस्तक में आपकी सम्पूर्ण जिज्ञासाओं का समाधान हो गया होगा। अपनी अन्य जिज्ञासाओं के समाधान हेतु आप हमारे यहाँ से प्रकाशित कोई दूसरी पुस्तक लेकर अपने ज्ञान में वृद्धि कर सकते हैं।